Karl von Leibbrand

Gewölbte Brücken

Karl von Leibbrand

Gewölbte Brücken

ISBN/EAN: 9783744641753

Hergestellt in Europa, USA, Kanada, Australien, Japan

Cover: Foto ©ninafisch / pixelio.de

Weitere Bücher finden Sie auf **www.hansebooks.com**

Gewölbte Brücken.

Von

Karl von Leibbrand,

Präsident der K. Württ. Ministerial-Abteilung für den Strassen- und Wasserbau.

———

Mit 18 Textfiguren und 3 Zeichnungstafeln.

————————

Leipzig.
Verlag von Wilhelm Engelmann.
1897.

Vorwort.

Das vorliegende Heft soll einen Überblick geben über die Fortschritte, welche in der Kunst des Baues gewölbter Brücken während der beiden letzten Jahrzehnte zu verzeichnen sind. Eine Zeit lang schien es, als sollten die gewölbten Brücken durch die Eisenbrückenbauten ganz in den Hintergrund gedrängt werden; aber zur rechten Zeit erkannte man wieder die grofsen Vorzüge der massiven Brücken sowohl hinsichtlich der ästhetischen Ausbildung, wie der Dauerhaftigkeit und leichten Unterhaltung. So sind denn in den letzten zwanzig Jahren auf diesem Gebiete, welches der Ingenieurkunst schon seit Jahrtausenden angehört, aufserordentliche Fortschritte gemacht, welche denjenigen im Eisenbrückenbau getrost an die Seite gestellt werden können. Hauptsächlich wurden dieselben dadurch erreicht, dafs ausgezeichnete Ingenieure es verstanden haben, bei den neueren Bauten die Voraussetzungen der Berechnung nahezu vollständig zu erfüllen; ferner durch Vervollkommnung der Vorrichtungen zur Prüfung der zu verwendenden Baustoffe und durch Vornahme von Versuchen in grofsem Mafsstabe, endlich durch Verbesserung des Mörtelmaterials, insbesondere der Cemente. Es ergaben sich hierdurch feste Grundlagen für die Berechnung, und während früher die unbefriedigende Gewölbtheorie und die mangelhafte Kenntnis des Verhaltens der Baustoffe zu sehr grofsen Gewölbstärken und damit zu sehr schweren Brücken geführt hatte, konnte man nunmehr mit geringeren Gewölbstärken verhältnismäfsig leicht konstruieren und zu immer kühneren Bauten übergehen. An der Spitze dieser Bewegung schreitet Württemberg, welches Land eine gröfsere Zahl solcher, nach den neuesten Grundsätzen konstruierter, wohlgelungener und kühner Bauwerke aus neuester Zeit zu verzeichnen hat.

Die Herausgeber sind deshalb dem Verfasser des vorliegenden Heftes sehr dankbar, dafs er sich der Mühe der Bearbeitung unterzogen hat, da ihm das Hauptverdienst für die angedeuteten Fortschritte im Bau der gewölbten Brücken zugeschrieben werden mufs und er mit klarem Einblick in die theoretischen Verhältnisse eine überaus grofse und seltene Erfahrung verbindet.

Darmstadt, im Mai 1897.

Th. Landsberg.

Inhalt.

I. Allgemeines.

Der Bau von Steinbrücken hat im letzten Jahrzehnt bedeutsame Fortschritte gemacht in der richtigen Erkenntnis der Überlegenheit, welche guten Steinkonstruktionen gegenüber den vergänglicheren Bauwesen in Eisen zukommen; ist es doch unzweifelhaft, daß hinsichtlich der Steigerung der Verkehrslasten, des Unterhaltungsaufwandes und der Dauer eine zweckmäßig angelegte und insbesondere sicher gegründete Steinbrücke einer Eisenbrücke vorzuziehen ist; dagegen steht den letzteren der Vorzug der größeren Sicherheit der rechnungsmäßigen Festsetzung der den Konstruktionen zu gebenden Abmessungen, der verhältnismäßig kürzeren Bauzeit, der erheblicheren Sicherheit der Ausführungsarbeiten überhaupt und endlich nicht selten der kleineren Kostenaufwendung für den Bau selbst zur Seite.

In unserer auf rascheste und häufig auch augenblicklich billigste Lösung technischer Fragen drängenden Zeit hat deshalb auch der Steinbau, verglichen mit dem Eisenbau, keinen leichten Stand; wo Zeitgewinn allem anderen vorangeht, wird er sich nur unter besonders günstigen Umständen Geltung zu verschaffen vermögen; wo dies jedoch nicht zutrifft, wo insbesondere die Gründungsverhältnisse und die Größen der verlangten Spannweiten keine unüberwindlichen Schwierigkeiten entgegenstellen, da vermag heute der Steinbau unter Ausnutzung der großen Vervollkommnungen, die in theoretischer und praktischer Beziehung im Bau von Bogenbrücken durch die ernste Arbeit französischer, deutscher und österreichischer Ingenieure gemacht worden sind, selbst bei großen Bauaufgaben in erfolgreichen Wettbewerb mit Eisenkonstruktionen zu treten.

Weitgehende Ausnutzung der Tragfähigkeit der Baumaterialien, zweckmäßige, den theoretischen Grundlagen der Konstruktion möglichst gerecht werdende Gestaltung und Ausführung der letzteren sind die Wege gewesen, auf welchen vorwärts gegangen wurde.

Dabei fiel den Material-Prüfungsanstalten oder besser „Ingenieur-Laboratorien" die wichtige Aufgabe zu, durch Vornahme von Versuchen unter Verhältnissen, wie sie der praktischen Anwendung entsprechen, über die mechanischen und physikalischen Eigenschaften der zur Verwendung kommenden Baustoffe sicheren zahlenmäßigen Aufschluß zu geben.

Die Fabrikation der Mörtelmaterialien, insbesondere der Cemente, hat derartige Fortschritte gemacht, daß sie dem jeweiligen Zweck genau angepaßt und mit voller Sicherheit auf Erreichung desselben verwendet werden können.

Die Theorie der Steinbrücken hat an Klarheit und Bestimmtheit dadurch wesentlich gewonnen, daß die Annahme mehr und mehr Eingang fand, wonach die Gewölbe als elastische Körper zu berechnen sind, welche entweder an ihren Stützen als eingespannt oder auf Gelenken aufliegend zu betrachten sind. Im ersteren Falle mußte es als Aufgabe der Ausführung der Brückengewölbe erscheinen, dieselben unter thunlichster Verminderung der beim Ausschalen der Gewölbe zu erwartenden Senkungen der Bögen herzustellen; dies geschah bald durch gleichzeitiges Schließen aller zuvor offen gebliebenen Fugen der Gewölbsteine, bald durch Aussparung von radialen Schlitzen im Gewölbe und gleichzeitiges Schließen derselben. In letzterem Falle dagegen wurden in den Kämpfern oder in diesen und in dem Scheitel des Gewölbes Gelenke oder wenigstens gelenkartige Einlagen angebracht, und bei der Ausführung des Gewölbes im übrigen wie im ersteren Falle verfahren; in der Einführung der Gelenke in die Steinkonstruktion lag nicht zum geringsten Teile der Ausgangspunkt zu immer mächtigerer Entwickelung der Steinbögen überhaupt.

An die Stelle der natürlichen, in Mörtel zu versetzenden Steine trat unter geeigneten Verhältnissen mit Erfolg der Beton; zur Verstärkung desselben, insbesondere der kleinen Zugfestigkeit desselben, wurden Eiseneinlagen in mancherlei Gestalt verwendet und hierdurch die Ausführung von ungemein leichten und kühnen Gewölbbögen ermöglicht.

1. Untersuchung der Baumaterialien für Brückengewölbe.

In dem mechanisch-technischen Laboratorium der Technischen Hochschule in München hat Bauschinger mit zahlreichen Probekörpern, welche vornehmlich natürlichen Bausteinen Bayerns entnommen wurden, Versuche über Biegungs-, Zug- und Druck-Elasticität und Festigkeit angestellt und die Ergebnisse der Versuche in den Mitteilungen des Laboratoriums 1884 niedergelegt; in der Folge der Mitteilungen von 1889 wurden die Versuche auch auf künstliche Steine, Mörtel, Beton und Mauerwerkskörper ausgedehnt; Untersuchungen über die Frostbeständigkeit natürlicher und künstlicher Steine, sowie von Mauerwerkskörpern und die für die Herstellung der meist aus Holz gebauten Lehrgerüste gewölbter Brücken wichtigen Untersuchungen über Elasticität und Festigkeit verschiedener Nadelhölzer wurden in den Mitteilungen von 1887 niedergelegt.

Auch Dr. Böhme-Berlin hat eine große Zahl von Untersuchungen über Festigkeit natürlicher Gesteine, Mörtel und Kunststeine ausgeführt und in den Mitteilungen der Königl. technischen Versuchsanstalten zu Berlin von 1885 und 1892 veröffentlicht.

Es würde zu weit führen, wollte auch nur das Wesentlichste aus den angeführten Versuchen hier mitgeteilt werden, es soll jedoch darauf aufmerksam gemacht werden, daß die meist an kleinen Versuchskörpern gefundenen Zahlen über Festigkeit zwar zur Vergleichung des relativen Wertes konkurrierender Baumaterialien unmittelbar verwendet werden können, daß jedoch, wie Föppl-München in den Mitteilungen aus dem mechanisch-technischen Laboratorium der Königl. Technischen Hochschule in München 1896 nachgewiesen hat, die durch unmittelbare Zugversuche an natürlichen und künstlichen Steinen erhaltenen Zahlen über Zugfestigkeit meist ganz erheblich gegen diejenigen zurückstehen, welche durch Biegungsversuche erhalten werden; dies kommt daher, daß bei den Zugversuchen mit Steinproben auf eine gleichförmige Verteilung der Spannungen im ganzen Bruchquerschnitt nicht gerechnet werden kann; im gebogenen Steinbalken treten, wie Föppl experimentell nachwies, weit höhere Zugspannungen auf, als bei direkten Zugversuchen mit demselben Material erreicht werden.

Bei Beanspruchung des natürlichen und künstlichen Steinmaterials auf Druck ist das Verhältnis der Höhe zur gepreßten Fläche von wesentlichem Einfluß auf die Festigkeitszahlen; ein an graublauem Schweizer Sandstein von Bauschinger in der Material-Prüfungsanstalt der Technischen Hochschule in München vorgenommener Versuch hat beispielsweise nachstehendes Ergebnis geliefert[1]):

Druckrichtung senkrecht zum Lager.

№	Seite a cm	Seite b cm	Höhe h cm	Querschnitt a b qcm	Bruchfestigkeit k kg	$\sqrt{a b}$ cm	$\frac{\sqrt{a b}}{h}$
1	9,85	9,85	9,6	98,01	680	9.90	1.031
2	10,0	9,85	9,7	98,50	685	9.92	1.023
3	6,0	5,85	5,7	35,10	670	5.92	1.040
4	5,2	5,2	5,05	27,04	680	5.20	1.032
5	4,8	4,7	1,1	22,56	1950	4.75	4.318
6	5,0	4,6	1,1	23,00	1910	4.80	4.333
7	4,4	9,7	1,1	42,08	2140	6.53	5.933

Würfel von verschiedener Größe, jedoch aus gleichem Material hergestellt, haben nach den Versuchen No. 1 bis 4 dieselbe Bruchfestigkeit gezeigt; die plattenförmigen Körper No. 5 und 6 der Versuchsreihe dagegen zeigen, daß die Druckfestigkeit unter sonst gleichen Verhältnissen mit abnehmender Höhe wächst; dasselbe ist nach Versuch No. 7 der Fall, wenn bei gleichbleibender Höhe die Grundfläche zunimmt.

Die Beziehungen zwischen der Druckfestigkeit und der Form des Versuchskörpers werden von Bauschinger für den untersuchten Stein in die Formel gebracht.

$$k = \left(\alpha + \beta \frac{\sqrt{f}}{h}\right) \sqrt{\frac{\sqrt{f}}{\frac{u}{4}}},$$

worin f den Querschnitt des Prismas in qcm,

  u den Umfang dieses Querschnittes in cm,

  h die Höhe des Prismas in cm,

  k die Bruchbelastung für das qcm des Querschnittes in kg,

  α und β Konstante, welche von der Art des Materials abhängen,

bedeuten; die Formel behält nur Giltigkeit, wenn $h \gtrless 5 a$ und $u = \sqrt{f}$ ist; im vorliegenden Falle wurde $\alpha = 310$ und $\beta = 346$ gefunden.

Für dasselbe Gestein ergab sich bei der

Druckrichtung parallel zum Lager

№	Seite a cm	Seite b cm	Höhe h cm	Querschnitt a b qcm	Bruchfestigkeit k kg	$\sqrt{a b}$	$\frac{\sqrt{a b}}{h}$
1	10,0	9,9	28,5	99	444	9.95	0.349
2	10,0	9,8	9,7	98	602	9.90	1.02
3	6,6	6,5	4,75	42,9	676	6.55	
4	4,8	4,6	1,4	22,08	1540	4.73	3.36
5	4,7	10,0	1,4	47,00	1850	6.87	4.91

und die Beziehung zwischen der Bruchfestigkeit und den Abmessungen

$$k = \left(262 + 320 \frac{\sqrt{f}}{h}\right) \sqrt{\frac{\sqrt{f}}{\frac{u}{4}}}.$$

---

[1]) Tabelle III, S. 10 der Mitteilungen des mechanisch-technischen Laboratoriums der Technischen Hochschule in München, 6. Heft, 1876.

Die bei den Druckversuchen senkrecht zum Lager gemachten Beobachtungen treffen auch hier zu.

Die Form des Querschnittes der Steine ist nur von unerheblichem Einfluß auf die Bruchfestigkeit derselben. Wichtiger und unmittelbarer verwendbar als die Druckversuche mit einzelnen Steinen ist die Untersuchung der Mauerwerkskörper; dieselbe ist jedoch deshalb schwierig, weil die Leistungsfähigkeit und Stärke der zur Verfügung stehenden Prüfungsmaschinen meist nicht zureicht, um Mauerwerkskörper von solchen Abmessungen zu untersuchen und zu zerdrücken, wie sie in den Bauausführungen vorkommen; die hiemit verbundenen Nachteile machen sich besonders bei der Untersuchung von Betonkörpern geltend, weil bei diesen die Größe der Schotterstücke, die Art des Einstampfens sehr hinderlich für das Zustandebringen eines gleichmäßigen Körpers sind.

Indessen soll hier mitgeteilt werden, was an Versuchsergebnissen Bauschingers und Anderer in der Hauptsache vorliegt.

Ebermayer-München[1] ließ Mauerwerkskörperchen in Würfelform von 15 cm Seitenlänge anfertigen, bei welchen 3 Gesteinsplättchen aus Thonschiefersteinen von 4 cm Dicke mit 2 Cementmörtelfugen von 1,5 cm Dicke wechselten. Der Cementmörtel wurde in 2 Mischungen verwendet und zwar:

a) 5 Cement : 1,25 Kalk : 12 Sand
b) 5　　„　　 : 1,25　　„　 : 15　„

Die Druckversuche ergaben Folgendes:

Zeit nach der Anfertigung	Mörtel a. b.	Auftreten von Rissen bei at	Bruch bei at
3 Wochen	a.	180 290	260—340
	b.	180	230
3 Monate	a.	180—210	270—285
	b.	185	320
1 Jahr	a.	220 230	310—350
	b.	130—180	260—280

Es wurde hieraus geschlossen, daß bei Bruchsteinmauerwerk aus gutem Gestein und Cementmörtel mit der Beanspruchung auf Druck unbedenklich auf 20 bis 30 at gegangen werden dürfe, wobei immer noch auf 8 bis 10 fache Sicherheit gerechnet werden könne.

In ähnlicher Weise hat Rheinhardt-Stuttgart im Jahre 1888 Versuche in der Material-Prüfungsanstalt der Technischen Hochschule in Stuttgart veranlaßt[2]); 3 Mauerwerkskörper von 15 cm Kantenlänge und 2,5 cm Fugendicke sind derart hergestellt worden, daß 2 je 6,25 cm dicke Steinplatten mit Portland-Cement-Mörtel verbunden wurden; der letztere war aus 1 Teil Dyckerhoff'schem Cement auf 2 Teile groben scharfen Sand gemischt. Zu 2 der Würfel waren harte Buntsandstein-Findlinge, zu dem dritten Granitsteine verwendet worden. Die Probekörper ergaben nach 4 Wochen für die Sandsteinwürfel 440 und 454 at, nach 6 Wochen für den Granitwürfel 450 at Bruchfestigkeit.

Leibbrand-Stuttgart ließ im Jahre 1888 im mechanisch-technischen Laboratorium der Technischen Hochschule in München mit Mauerwerkskörpern, Stein- und Mörtelprismen Druckversuche anstellen, welche den im praktischen Leben vorkommenden Verhältnissen etwas näher kommen, als die eben angeführten Versuche; es wurden unter-

---

[1] Wochenbl. f. Bauk. 1887, S. 336.
[2] Centralbl. d. Bauverw. 1888, S. 535.

sucht: 2 Buntsandstein-Prismen von 12/12 cm Querschnitt und 14 cm Länge, 4 Mauerwerkskörper von 12/12 cm Querschnitt und 30 cm Höhe. Dieselben bestanden aus zwei
Steinprismen von je 14 cm Höhe und einer 2 cm dicken Cementmörtelfuge; der Mörtel
wurde aus 1 Teil Portland-Cement und 2 Teilen Sand wenig feucht gemischt und
zwischen die in Holzkistchen liegenden Steine satt eingestoßen; zwei dieser Mauerwerkskörper wurden nach 4 Wochen, die beiden andern erst nach 8 Wochen untersucht.
Endlich wurden 4 Mörtelprismen in Holzformen von 12/12 cm Grundfläche und 14 cm
Höhe im Mischungsverhältnis 1 Portland-Cement zu 2 Sand hergestellt und hiervon je
2 Stück nach 4 und nach 8 Wochen zerdrückt.

Die Prüfung erfolgte, weil auch die Elasticität der Körper bestimmt werden sollte,
derart, daß man die Probekörper stufenweise — von 1000 zu 1000 kg — aufsteigend
bis zum Bruch belastete und jedesmal die Zusammendrückung auf die Meßlänge von
7 cm an den Stein- und Mörtelprismen und von 16 cm an den Mauerwerkskörpern maß;
zwischen je zwei aufeinanderfolgenden Längenmessungen verstrich eine Minute.

Die Bruchfestigkeit wurde hierbei erhoben:

Bei den Steinprismen zu . . . .   631—653 at

    „   „   4 Wochen alten Mauerwerkskörpern zu . . 340—389 „

    „   „   8   „   „   „   „ . 381—435 „

    „   „   4   „   Mörtelprismen zu . . . 217—250 „

    „   „   8   „   „   „ . . . . 240 „

Die bei den Versuchen beobachteten Zusammendrückungen im Verhältnis zur
ursprünglichen Meßlänge sind für Stein-, Mörtel- und Mauerwerkskörper in Fig. 1 (S. 6)
zusammengestellt; auch ist ebendaselbst aus den Stauchungen des Steines und des Mörtels
diejenige für den Mauerwerkskörper berechnet worden. Die so erhaltene Linie bleibt
— wie zu erwarten war — unter der Beobachtungslinie für Mauerwerkskörper.

Tourtay[1]) untersuchte den Einfluß der Mörtelfugen auf das Mauerwerk überhaupt; es wurden 3 Werksteinsorten erst in Würfelform und hernach in Plattenform
untersucht; die Würfel hatten nur 10 bezw. 6 cm Seitenlänge. Wenn dieselben aus zwei
Platten von 5 oder 3 cm Dicke gebildet waren, so wurde die Fuge zwischen den Platten
erst leer gelassen und bei den folgenden Körpern mit Cementguß oder Cementmörtel
gefüllt. Die Fugendicke wechselte von 5, 10 und 15 mm; der Mörtel enthielt auf 1 cbm
Sand 500 kg Cement oder Wasserkalk, die Druckfestigkeit des Cementmörtels betrug nach
21 Tagen 73 at, diejenige des Wassermörtels 20 at. Die Steinwürfel gaben 400 bis 900 at
Bruchfestigkeit, das Mauerwerk nur 300 bis 600 at; der Mörtel begann erst bei einem
Druck von 140 bis 300 at am Rande der Fugen abzublättern; Probewürfel, bei welchen
die beiden Steinplatten durch einen Cementguß verbunden worden waren, verhielten
sich wie aus einem Stück bestehend.

Das Schlußergebnis der Versuche war folgendes:

1. Die Zerstörung des Mörtels findet im Werksteinmauerwerk erst bei sehr viel
   höherem Druck als in den aus Mörtel hergestellten Probewürfeln statt;
2. der Druck, welcher die Zerstörung des Mörtels bewirkt, steht im umgekehrten
   Verhältnis zu der Dicke der Mörtelfuge;
3. Probeplattenkörper ohne Zwischenlage von Mörtel ergeben wesentlich kleinere
   Festigkeiten als volle Steinwürfel;
4. Probeplattenkörper mit reinem Cementguß verhalten sich wie volle Steinwürfel.

¹) Ann. des ponts et chaussées 1885 II. S. 15.

Fig. 1.

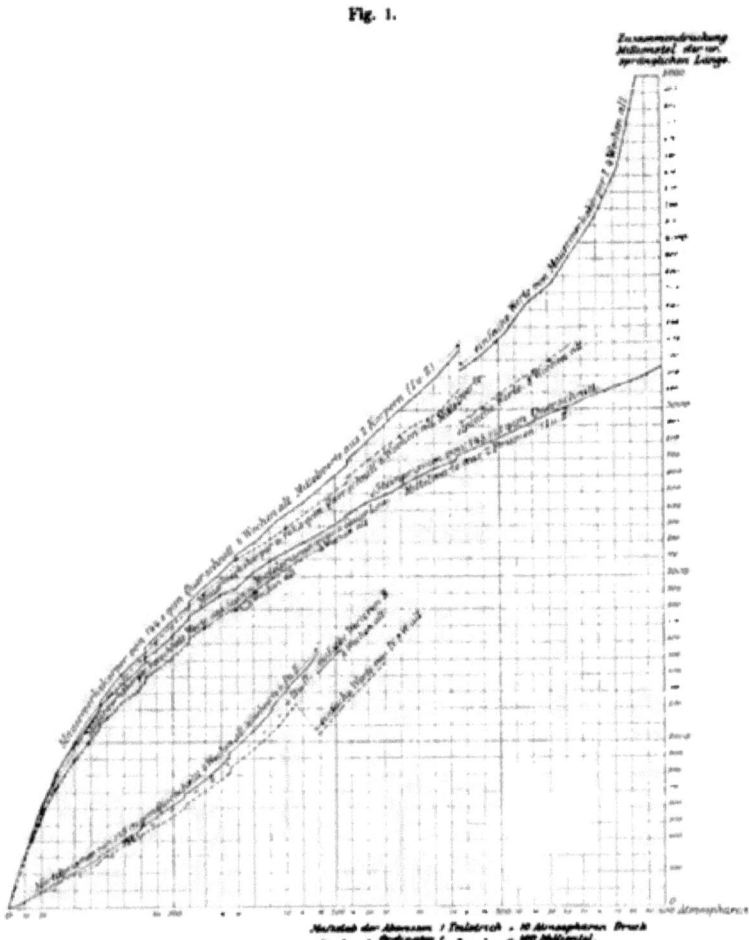

All diese Versuche leiden an dem Mangel, dafs die Versuchsstücke und insbesondere die Mefslängen an denselben zu klein waren; bei den Elasticitäts-Untersuchungen tritt aufserdem noch der Mangel hinzu, dafs bei der beobachteten Zusammendrückung der Probekörper nicht unterschieden wurde, welcher Teil derselben bleibend und welcher dagegen nur vorübergehend, d. h. elastisch oder federnd ist. Bach-Stuttgart hat erstmals hierauf und auf die Abhängigkeit des Dehnungskoefficienten von der specifischen Spannung bestimmt hingewiesen. Die Material-Prüfungsanstalt Stuttgart hat deshalb im Auftrag der württembergischen Staatsstrafsenbau-Verwaltung eine Reihe von

Versuchen über die Elasticität von Betonkörpern in gröfserem Mafsstabe zur Ausführung gebracht.[*])

Die Probekörper wurden cylinderförmig 1 m lang mit 25 cm Durchmesser in 6 verschiedenen Mischungsverhältnissen hergestellt und zwar:

I.   1 Raumteil langsam bind. Portland-Cement : 2,5 Neckar-Sand : 5 Neckar-Kies,
II. 1   „   „   „   „   „   2,5   „   5 Muschelkalkstein-Schotter,
III. 1   „   „   „   „   „   7,5 Kies und Sand (ausgebaggert),
IV. 1   „   „   „   „   „   3 Sand : 6 Kies,
V.   1   „   „   „   „   „   3 Sand : 6 Muschelkalkstein-Schotter,
VI. 1   „   „   „   „   „   9 Kies und Sand.

Von jeder Sorte wurden 3 Stücke und zwar je mit Portland-Cement von Blaubeuren und von Lauffen a. N. angefertigt.

Der Beton ist in Holzformen schichtenweise eingebracht und so lange mit eisernen Stämpfeln festgestofsen worden, bis sich Wasser an der Oberfläche zeigte; einen Tag nach der Fertigstellung erfolgte das Ausschalen und die folgenden 28 Tage wurde der Probekörper durch Begiefsen feucht gehalten.

Bei der Vornahme der Versuche betrug das Alter der Probecylinder 76 bis 97 Tage. Die Stirnen der Betonkörper haben einen Cementmörtelauftrag erhalten, sie wurden genau parallel abgehobelt. Die Mefslänge betrug 750 mm. Der verwendete Beton hatte etwa 2,4 specifisches Gewicht.

Die Belastung wurde von 0 aus stetig gesteigert und zwar bis zur vollen Höhe je in 1,5 Minuten, ebenso wurde bei der Entlastung verfahren; die Belastung von 0 bis zu der betreffenden Belastungsstufe von 7,9, 15,8, 23,7, 31,6 und 39,5 at wurde so oft wiederholt, bis sich weder die gesamte, noch die bleibende und die federnde Belastung änderten; je höher die Belastung stieg, desto häufiger mufste der Belastungswechsel vollzogen werden, bei 0 bis 7,9 at genügte für Blaubeuren-Cement meist 4, bei 0 bis 39,5 at brauchte es 7malige Belastung. In den nachstehenden Figuren sind die Zusammendrückungen in $\frac{1}{600}$ cm als wagrechte Ordinaten, die Belastungen in at als senkrechte Abscissen aufgetragen. Der Elasticitätsmodul ist neben der Zusammendrückung berechnet und es ist hieraus zu entnehmen, wie verschieden derselbe für wechselnde Belastungen ausfällt, wie er abnimmt mit zunehmender Belastung; das Umgekehrte trifft bei dem Dehnungskoefficient $\alpha = \frac{1}{E}$ zu; er steigt beispielsweise für den Versuchskörper I c. mit B-Cement[*)] von $\frac{1}{306000}$ bei der Belastungsstufe 0 bis 7,9 at auf $\frac{1}{194000}$ für die Belastungsstufe 31,6 bis 39,5 at.

Die Versuche sind im wesentlichen und in aller Schärfe nur bis zu der Belastungsstufe von 40 at ausgedehnt worden, weil die Auftraggeberin die Absicht hatte, mit der Inanspruchnahme des Betons bei dem Bau einer Neckarbrücke bei Kirchheim (Württemberg), für welchen zunächst die Versuchsergebnisse Verwendung finden sollten, keinenfalls weiter als auf 40 at zu gehen; es sind jedoch für einige Versuchskörper die Belastungen und Elasticitätsmessungen auch bis zum Bruch geführt worden.

Die Fig. 2 (S. 8) zeigt das Ergebnis der beiden Versuche, welche mit Versuchskörper III c. und VI c. mit B-Cement ausgeführt worden sind.

Bei den mit L-Cement ausgeführten Versuchen mufsten die Wechsel in der Belastung weit häufiger vollzogen werden, bis sich die bleibende Zusammendrückung nicht

---

[*)] Zeitschr. d. Ver. deutscher Ing. 1895, No. 17.

[*)] B-Cement bedeutet Cement von Blaubeuren, L-Cement solchen von Lauffen a. N.

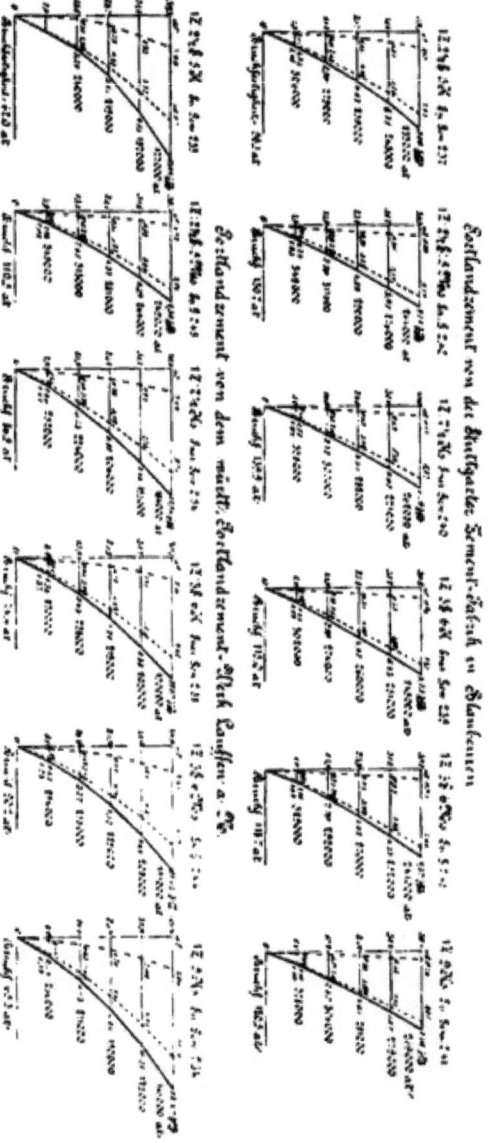

Fig. 2.

mehr änderte; bei einem Versuchskörper 1c. und bei 31,6 at Belastung und mehr konnte z. B. ein Stillstand derselben überhaupt nicht erzielt werden. Die Zunahme der bleibenden und elastischen Zusammendrückungen mit abnehmender Druckfestigkeit des Betons stellt Fig. 4 in einfacher Weise dar.

Den anscheinend kleinen Druckfestigkeiten der hohen Versuchskörper entsprechen erheblich größere Würfelfestigkeiten.

Die Bach-Stuttgart'schen Versuche über Elasticität von Betonkörpern sind sehr wertvoll für die Berechnung von Betonbrücken; sie zeigen außerdem, von welchem Einfluß auf die zulässige höchste Inanspruchnahme des Betons der zu demselben verwendete Cement ist; keinenfalls sollte diejenige Belastungsgrenze überschritten werden, bei welcher wiederholter Wechsel in der Belastung eine Zunahme der bleibenden Zusammendrückung zu bewirken vermag.

Fig. 3.

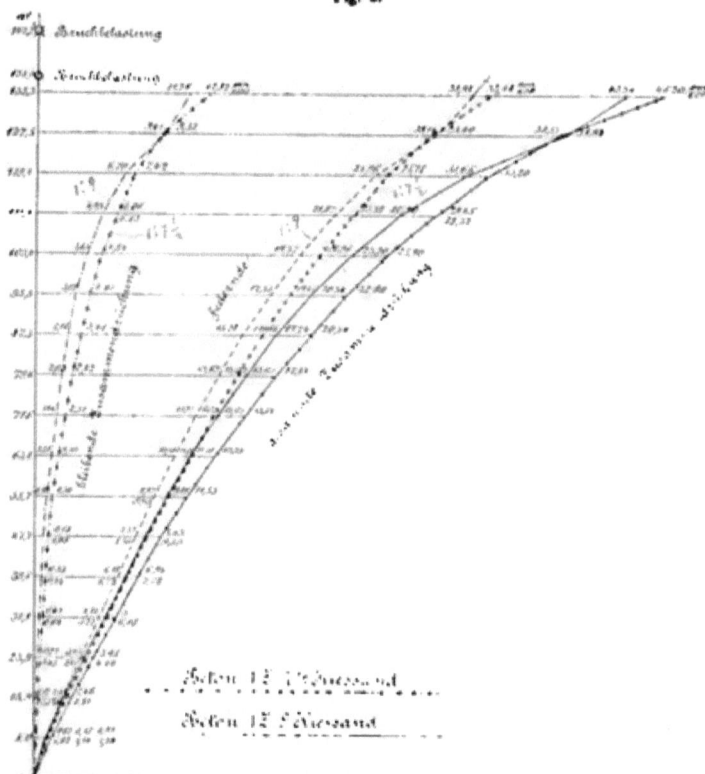

Von praktischer Bedeutung ist auch das Verhalten der Körper gegen Druck in dem Falle, wenn die Belastung unmittelbar nur einen Teil der Querschnittsfläche desselben trifft, wie dies bei Brücken mit Gelenken der Fall ist.

Bauschinger[1]) untersuchte Körper von der in Fig. 5 dargestellten Form aus feinem, graublauem Schweizer Sandstein (wie oben) und fand hierbei:

Fig. 4.

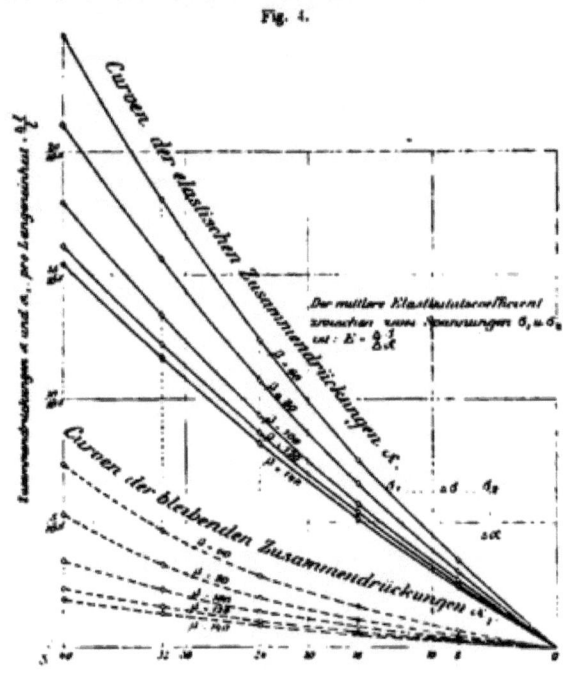

β = Druckfestigkeit der Versuchskörper.

Druckrichtung senkrecht zum Lager.

№	Höhe h	Würfelquerschnitt			Abschrägung	Druckfläche			Belastung	Druckfestigkeit in at, bezogen auf den	
		a	b	a·b	x:y	a'	b'	a'·b'	P	Querschnitt a·b P:a·b	Querschnitt a'·b' P:a'·b'
	cm	cm	cm	qcm	rund	cm	cm	qcm	kg		
1	9,8	10,1	9,9	100,0	1:1	8,0	7,9	63,2	51000	510	807
2	9,7	9,8	9,9	97,0	2:1	7,9	8,0	63,2	45000	460	712
3	9,7	9,95	9,9	98,5	3:1	8,05	8,05	64,8	45500	460	702
4	9,85	10,0	9,75	97,5	1:2	6,2	6,0	37,2	34500	350	927
5	9,90	10,1	10,05	101,5	2:2	6,3	6,25	39,4	35000	345	888
6	9,80	10,1	9,8	99,0	3:2	6,2	6,0	37,2	32000	325	861
7	9,80	9,9	10,0	99,0	4:2	5,9	6,1	36,0	31500	320	875
8	9,75	10,0	9,8	98,0	1:3	4,4	4,2	18,5	23000	235	1243
9	9,75	9,95	9,9	98,5	2:3	4,2	4,2	17,6	20500	210	1165
10	9,75	10,05	10,0	100,5	3:3	4,4	4,2	18,5	23000	230	1243
11	9,85	10,10	9,75	98,5	5:3	4,25	4,1	17,4	19700	200	1132

[1]) Mitteilung des mech.-techn. Laboratoriums der Technischen Hochschule in München 1876, S. 13.

Der verwendete Stein, welcher als Würfel von annähernd 10 cm Seitenlänge 685 at Druckfestigkeit besaß, hat bei vorstehendem Versuch 3, bei welchem die Druckfläche von 98,5 qcm auf 64,8 qcm vermindert wurde, nur noch 460 at Druckfestigkeit, auf den Querschnitt $a\,b$ bezogen; dieselbe erhöht sich aber in der Druckfläche $a'\,b'$ selbst auf 702 at. Bei Versuch No. 11, bei welchem die Druckfläche von 98,5 qcm auf 17,4 qcm ermäßigt ist, sind die Abweichungen von der Würfelfestigkeit noch weit erheblicher, sie betragen 200 bezw. 1132 at.

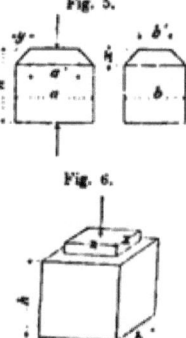

Fig. 5.

Der Bruch erfolgte stets in der Weise, daß von der kleinen Druckfläche aus eine Pyramide in das Innere des Probestückes hineingetrieben und der Stein so auseinandergesprengt wurde.

Fig. 6.

Mit demselben Material wie bei dem vorstehend geschilderten Versuche wurden ferner Untersuchungen in der Art angestellt, daß der Druck durch Stahlprismen, deren Achsen mit denjenigen der Würfel zusammenfallen und deren Kanten den Würfelkanten parallel laufen, nur auf einen Teil der Stirnfläche übertragen wurde (Fig. 6).

Die Ergebnisse waren folgende:

Nr.	Höhe	Würfelquerschnitt			Stahlprisma		Bruchbelastung	Druckfestigkeit in at	
		a	b	$a\,b$	s	s^2	P	$P:a\,b$	$P:s^2$
	cm	cm	cm	qcm	cm	qcm	kg		
1	9,85	10,0	9,9	99,0	3,9	15,21	16000	162	1052
2	9,70	9,85	9,9	97,5	5,7	32,49	30000	308	923
3	9,75	10,0	9,85	98,5	7,8	60,84	47000	477	772

Der Bruch erfolgte auch hier wieder in der Weise, daß von der Stirnfläche des Stahlprismas aus eine Pyramide in das Innere des Prismas getrieben und das umliegende Material auseinandergesprengt wurde.

Ähnliche Versuche wurden 1885/86 von Durand-Claye mit Würfeln von Stein und Cement von 10 cm Seitenlänge gemacht[1], wobei die Druckfläche des eisernen, genau in der Mitte der Würfelfläche aufsetzenden Stempels von 1 bis 8 cm zunahm.

Versuche mit Stein von 84 at Druckfestigkeit.

Seitenlänge des Stempels s	Druck in at in der Fläche	
cm	s^2	s'^2
1	12	1204
2	14	354
3	24	268
4	37	230
5	48	193
6	55	152
7	61	124
8	56	87

Versuche mit Cement von 576 at Druckfestigkeit.

Seitenlänge des Stempels s	Druck in at in der Fläche	
cm	s^2	s'^2
1	63	4468
2	105	2633
3	140	1580
4	217	1357
5	262	1047
6	332	920
7	380	775
8	431	671

[1] Ann. des ponts et chaussées 1887 II, S. 230.

Die Ergebnisse der Durand-Claye'schen Versuche sind bei Brücken mit Gelenken oder gelenkartigen Einlagen nicht unmittelbar verwertbar, weil die letzteren nicht in quadratischer, sondern in länglicher Form in die Gewölbfugen eingelegt werden. Bach-Stuttgart hat deshalb in der Material-Prüfungsanstalt der Technischen Hochschule in Stuttgart 1888 auf Veranlassung von Leibbrand-Stuttgart Druckversuche in der Weise vorgenommen, daß eiserne Stempel von 10 cm Länge und in wechselnder Breite von 0,5, 1, 1,5, 2 und 2,5 cm die centrale Druckübertragung auf Sandsteinwürfel von ca. 10 cm Seitenlänge senkrecht zum Lager bewirkten.

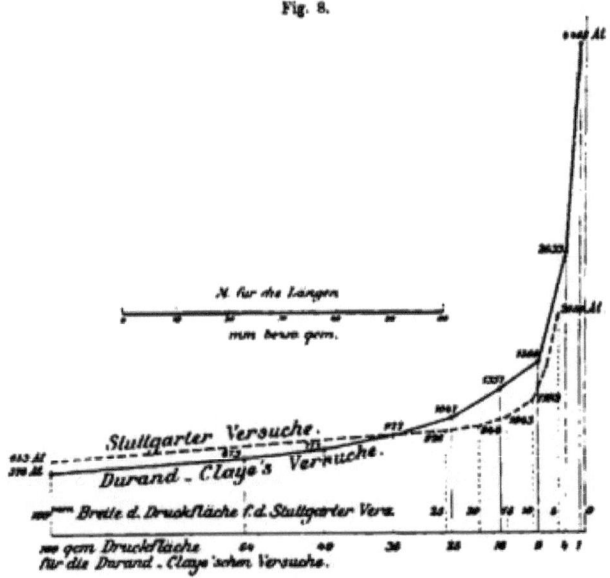

Fig. 7.

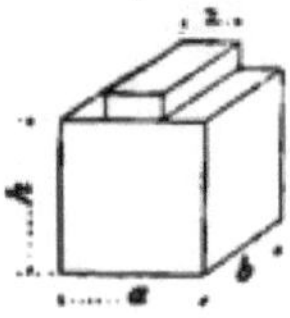

Versuchsreihe (je 3 bis 5 Körper).

Seite a durchschnittlich	6,46	10,04	10,01	10,02	9,99	9,96 cm
„ b „	6,03	9,99	10,01	10,03	9,95	10,02 „
Höhe h	6,00	9,89	9,85	9,82	9,84	9,84 „
Breite z des Stahlprismas	6,03	2,5	2,0	1,5	1,0	0,5 „
Bruchbelastung für den Querschnitt a b	653	232	188	156	120	102 at
„ „ b z	653	926	943	1044	1193	2050 „

Auch hierbei erzeugte der Druck des Stahlstempels einen Bruchkeil, welcher den Probekörper nach beiden Seiten auseinandersprengte.

Die Ergebnisse der Durand-Claye'schen Versuche für Cementkörper und derjenigen von Bach für einen Buntsandstein von annähernd gleicher Würfelfestigkeit sind in Fig. 8 nebeneinandergestellt.

Fig. 8.

Stuttgarter Versuche.

Durand-Claye's Versuche.

2. Versuche und theoretische Untersuchungen an Brückengewölben.[*]

Seit der Untersuchung des bekannten Versuchsbogens von Souppes, der bei 37,9 m Spannweite nur 2,125 m Pfeilhöhe besaß und welcher durch allmähliche Schwächung der anfänglich 0,80 m betragenden Scheitelstärke unter voller Belastung bis zum Bruch gebracht wurde, haben Gewölbproben in großem Maßstab unter gleichzeitiger wissenschaftlicher Beobachtung und Verwertung der hierbei gemachten Beobachtungen nicht mehr stattgefunden. Es gereicht deshalb dem Österreichischen Ingenieur- und Architekten-Verein zu hohem Verdienst, daß er in Verbindung mit Behörden und hervorragenden Industriellen und unter Aufwendung ganz erheblicher Mittel (etwa 70000 M.) eine Reihe von Versuchen in großem Maßstab mit üblichen Gewölbkonstruktionen in den Jahren 1891 bis 1893 vorgenommen hat, um zuverlässige Anhaltspunkte über den den Konstruktionen innewohnenden Sicherheitsgrad, über die zulässige Inanspruchnahme der zu den Gewölben verwendeten Materialien und über die Zuverlässigkeit der bisherigen Gewölbtheorien zu erhalten.

Die Versuche zerfallen in 2 Gruppen und zwar in Bruchversuche, welche mit den gebräuchlichsten, im Hochbau vorkommenden Deckenkonstruktionen mit Gewölben von kleiner Spannweite und in solche, welche mit sogen. Unterbaugewölben von größerer Spannweite gemacht worden sind.

Die I. Versuchsgruppe soll hier nur insoweit behandelt werden, als die Konstruktionen derselben auch beim Steinbrückenbau mit und ohne Eiseneinlagen Verwendung finden können.

1. Gewölbe zwischen verankerten eisernen Trägern, 2 m lang, 1,35 m weit mit ¹/₁₀ Pfeilhöhe:
   a) in Ziegeln und in Weißkalkmörtel versetzt, 15 cm stark, haben bei 7000 kg/qm gleichmäßiger Belastung, in Ringscharen gewölbt, zwar 14 mm, in Längsscharen gewölbt 24,3 mm Scheitelsenkung, aber keine Neigung zum Bruch gezeigt;
   b) das Betongewölbe, 7,5 cm stark, im Mischungsverhältnis 1 Kirchdorfer Portland-Cement zu 5 Teilen Sand ausgeführt, hat bei 7000 kg/qm gleichmäßiger Belastung 17,3 mm Senkung ergeben, ohne zu brechen.

2. Gewölbe zwischen verankerten Eisenträgern, 2 m lang, 2,70 m weit, nur einseitig bis zur Mitte belastet:
   a) Ziegelgewölbe, 14 cm stark, 25 cm Pfeilhöhe; der Bruch erfolgte durch Längsriß in der unbelasteten Hälfte bei 4314 kg/qm, bei 52,7 mm senkrechter und 10 mm seitlicher Scheitelbewegung;
   b) Stampfbetongewölbe, im Verhältnis 1 : 4 gemischt, im Scheitel 8,5 cm stark, Pfeilhöhe 23 cm; der Bruch erfolgte durch Längsriß in der unbelasteten Hälfte bei 5504 kg/qm mit 24,1 mm Scheitelsenkung und 9,6 mm Seitenbewegung desselben; die ersten Sprünge zeigten sich beim Aufbringen von 3000 kg/qm Last;
   c) Monier-Gewölbe, im Scheitel 5 cm stark, Pfeilhöhe 26 cm, ohne Aufbetonierung, gebrochen bei 5940 kg/qm einseitiger Last mit 25,8 mm Scheitelsenkung und 7,1 mm Seitenbewegung desselben.

---

[*] Nach dem Bericht des Gewölbe-Ausschusses des Österr. Ingenieur- und Architekten-Vereins in der Zeitschr. d. österr. Ing.- u. Arch.-Ver. 1895, No. 30—34 bearbeitet.

Die Monier-Gewölbe wären hiernach mäfsig stärkeren Stampfbeton-
gewölben nicht überlegen.

3. Gewölbe zwischen gemauerten Widerlagern, 4,05 m weit, einseitig bis zur
Mitte belastet:

a) Das Ziegelgewölbe besafs 14 cm Scheitelstärke, 35 cm Pfeilhöhe; bei
670 kg/qm Belastung bildete sich der erste Rifs im unbelasteten Gewölbviertel, bei 1341 kg/qm erfolgte der Bruch durch Aufreifsen der Mörtelfugen;

b) Betongewölbe: Scheitelstärke 10 cm, Pfeilhöhe 41 cm, der erste Rifs
entstand neben dem unbelasteten Widerlager bei 2000 kg/qm Belastung;
der Bruch erfolgte erst bei 3865 kg/qm; die gröfste Senkung hat im belasteten Viertel 16,7 mm, die Hebung im unbelasteten Viertel 3,7 mm, die
horizontale Scheitelverschiebung 4,5 mm erreicht;

c) Monier-Gewölbe: Scheitelstärke 5 cm, Pfeilhöhe 40 cm; der erste Rifs
entstand genau ebenso wie an dem Betongewölbe bei 2000 kg qm Belastung
im unbelasteten Widerlager, bei 2500 kg/qm bildete sich ein zweiter Rifs
in der unbelasteten Hälfte; der Einsturz erfolgte bei 4360 kg/qm, wobei
zuvor die gröfste Senkung in der belasteten Hälfte 35,7, die Hebung in
der unbelasteten Hälfte 10,1 mm und die seitliche Verschiebung des Scheitels
12,8 mm erreichte.

Auch hierbei hat sich gezeigt, dafs Stampfbeton-Gewölbe mit Monier-
Konstruktion wohl konkurrieren kann.

d) Endlich kamen Melan-Gewölbe zur Untersuchung; sie waren 3 m lang,
4 m weit, besafsen 29 cm Pfeilhöhe, in Abständen von je 1 m waren
gebogene I-Träger Profil No. 8 eingelegt; die Betondicke betrug 8 cm,
der Beton war aus 1 Radotiner Portland-Cement auf 5 Teile Sand
und Rieselschotter hergestellt worden. Die Gewölbe ergaben nur kleine
Bewegungen und sehr hohe Festigkeit; erst bei 5000 kg qm wurde ein
feiner Haarrifs an der unteren Leibung im Scheitel beobachtet. Bei einer
einseitigen Last von 6900 kg/qm war das Gewölbe noch nicht zum Bruch
zu bringen; nach Wegnahme der Last ging die gröfste Senkung im belasteten Gewölbviertel von 20,9 auf 6,7 mm zurück.

Die II. Versuchsgruppe mit Unterbau-Gewölben erfolgte teils auf dem Matz-
leinsdorfer Frachten-Bahnhof an zwei fertigen Brücken von 10 m Spannweite und 1 m
Pfeilhöhe. Die erste derselben war nach System Monier gebaut; sie besafs 15 cm
Scheitel- und 20 cm Kämpferdicke. Das Drahtnetz, welches in der Nähe der unteren
Leibung lag, bestand aus 10 mm dicken Längs- und 7 mm dicken Querstäben bei 5,5 cm
Maschenweite; die Monier-Bügen waren 210 Tage alt, sie waren für ein Eisenbahngleis
horizontal überschüttet und mit Stirnmauern versehen. Bei einseitiger Belastung einer
Brückenhälfte mit 4500 kg qm erfolgte die Zerstörung eines Widerlagers, weshalb die
weitere Fortsetzung der Versuche ohne Wert war.

Ein ebenso gestalteter, auf die entsprechend verstärkten Widerlager aufgesetzter
Betonbogen erhielt 0,41 m Gewölbstärke, in den Kämpferfugen wurden Asphaltplatten
eingelegt, um dem Gewölbe daselbst freie Beweglichkeit zu geben. Der Beton bestand
aus 1 Volumteil Radotiner Portland-Cement, 3 Volumteilen Donausand und 1 Volumteil
Kalksteinschotter; er wurde in 15 cm starken Schichten von den Kämpfern aus beginnend senkrecht zur Fugenrichtung eingestampft, nur die letzten 3 m beim Scheitel sind

senkrecht zur Leibung eingestampft worden. 224 Tage nach der Fertigstellung wurde das Gewölbe erprobt. Die Belastung wurde auf einer Gewölbhälfte mit entsprechenden Ruhepausen aufgebracht; bei 3810 kg/qm trat der erste Riß in der Nähe des unbelasteten Viertels auf, bei 10322 kg/qm hatten sich die Risse vermehrt, die größte Senkung im belasteten Viertel 29 mm, im Scheitel 28,5 mm, im unbelasteten Viertel 12,5 mm erreicht; diese Maße verminderten sich nach Wegnahme der Last auf 16,8, 15,9 und 7,7 mm. Die größte Horizontalverschiebung erreichte in der unbelasteten Hälfte 3,5 mm und ermäßigte sich auf 1,8 mm.

Bedeutsamer als das Ergebnis dieser beiden Versuche, von welchen der erstere wegen des Nachgebens der Widerlager nicht zu Ende geführt werden konnte, sind diejenigen Versuche, welche im Purkersdorfer Steinbruche mit unbedingt zuverlässigen Widerlagern und mit konzentrierten Einzellasten vorgenommen wurden. Hier gelangten Gewölbbogen von 23 m Spannweite, 4,6 m Pfeilhöhe und 2 m Breite und zwar für Bruchstein-, Ziegel-, Stampfbeton- und Monier-Gewölbe zur Untersuchung. Die Belastung geschah nur einseitig vom Widerlager bis zum Scheitel; das eiserne Belastungsgerüst wurde so angelegt, daß die einzelnen Auflagerpunkte desselben gleich große Knotenlasten erhielten; jede Bogenstirne war von Meter zu Meter mit 26 Merkpunkten versehen, deren vertikale, horizontale und Drehbewegung genau beobachtet worden ist.

Fig. 9.   *Versuchs-Gewölbe.*

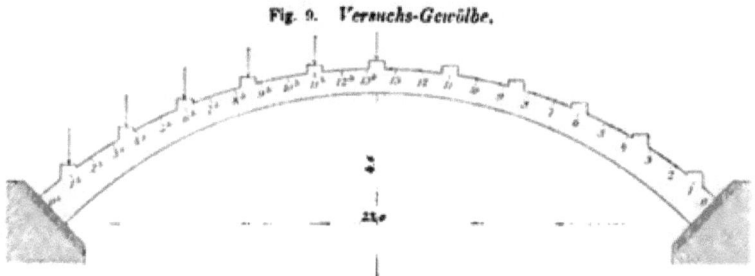

a) Das Bruchsteingewölbe war in der inneren Leibung nach einem Kreisbogen geformt, die Scheitelstärke betrug 0,60 m, die Kämpferdicke 1,10 m; die Mauerung erfolgte in langsam bindendem Kirchdorfer Portland-Cement-Mörtel mit 500 kg Cement auf das cbm Sand (= räumlich 1:2,6); die Wölbsteine wurden möglichst rauh belassen. 6 Wochen nach Gewölbschluß erfolgte die Ausschalung, wobei sich nur 0,5 mm Scheitelsenkung ergab.

Das 2 Monate alte Gewölbe brach bei einer Last von 6,44 t/m, beim Aufbringen einer einseitigen Last von 4,914 t/m zeigten sich die ersten Risse bei gleichzeitigen Formänderungen, welche im Maximum bei Punkt 7ᵇ 8,45 mm[16]), bei Punkt 9 7,60 mm in vertikalem und ebendaselbst 4,5 und 5,6 mm in horizontalem Sinne betrugen. Die Risse lagen in der belasteten Hälfte bei Punkt 1ᵇ am Kämpfer außen, bei Punkt 5ᵇ und 9ᵇ innen, in der unbelasteten Hälfte zwischen Punkt 7 und 11 innen und bei Punkt 1 außen. Bemerkenswert war hierbei, daß sich mit Ausnahme des bei Punkt 1 außen beobachteten Risses die parallel zum Gewölbrücken auftretenden Risse und Sprünge

---

[16]) Die hier angegebenen Senkungen beziehen sich durchweg auf den Anfangszustand des unbelasteten Bogens vor der Ausschalung.

erst während des eigentlichen Gewölbbruches bildeten und daß sonach der Bruch selbst
nicht Folge übergroßer Druckwirkung, sondern nur Folge der Überwindung der Zugfestigkeit des Bruchsteinmauerwerks war. Das Gewölbe legte sich bei Punkt 9ᵇ beim
Bruch auf die Schalung.

b) Das Ziegelgewölbe wurde aus Ziegeln von großer rückwirkender Festigkeit in Portland-Cement-Mörtel in den gleichen Abmessungen erbaut wie das Bruchsteingewölbe, mit 8 mm dicken Fugen; die Ausschalung geschah gleichfalls nach 6 Wochen
mit 6,25 mm Scheitelsenkung. Das Gewölbe war 2 Monate alt, als die Proben begannen;
es wurde erst bis 4,930 t/m einseitig belastet, nachdem sich bei 3,9 t/m die ersten Risse
gezeigt hatten; während einer 2stündigen Ruhepause bildeten sich weitere Haarrisse.
Bei der nun folgenden Entlastung des Gewölbes schlossen sich die bis dahin beobachteten Risse zwar beinahe vollständig, das Gewölbe vermochte jedoch keineswegs seine
ursprüngliche Form wieder genau einzunehmen. Die bis dahin beobachtete größte
Senkung bei Punkt 7ᵇ betrug 17,9 mm, die größte Horizontalverschiebung ebendaselbst
13,3 mm; nach erfolgter Entlastung verminderten sich diese Maße auf 12 und 9,9 mm.
Bei der nun folgenden Steigerung der Belastung bis 5,874 t/m nahm die Senkung und
Horizontalverschiebung bei Punkt 7ᵇ auf 28,6 und 20,4 mm, bei Punkt 7 auf 29,8 und
17,3 mm zu, worauf der Bruch in ruhiger Weise eintrat.

Die infolge der Zugwirkungen aufgetretenen Risse sind überall dem Mauerverband
gefolgt, derart, daß die Trennung stets durch ein Zerreißen des Mörtelbandes herbeigeführt wurde; das Ziegelmaterial selbst war nur an einer Stelle und zwar an der inneren Leibung bei 8 zerdrückt worden. Die Risse reichten stellenweise, insbesondere
in der Auflagerreihe, fast durch die ganze Gewölbstärke hindurch und lagen im übrigen
an denselben Stellen, wie bei dem Bruchsteingewölbe.

c) Das Stampfbetongewölbe erhielt eine gleichmäßige Dicke von 70 cm,
die Ausführung erfolgte in drei Mischungsverhältnissen und zwar:

in 1:2 auf 1 Raumteil Portland-Cement,
        ½   „   Rieselschotter,
        ½   „   Schlägelschotter von 3 cm Steingröße,
        1   „   Sand,

in 1:5 auf 1 Raumteil Portland-Cement,
        1½   „   Rieselschotter,
        1½   „   Schlägelschotter,
        2   „   Sand,

in 1:8 auf 1 Raumteil Portland-Cement,
        3   „   Rieselschotter,
        2   „   Schlägelschotter,
        3   „   Sand.

Die cementreicheren Mischungsverhältnisse wurden 14 cm stark an der inneren
und äußeren Leibung aufgebracht und zwar die beste Mischung 1:2 da, wo bei einseitiger Belastung die größten Zug- und Druckspannungen auftreten; der Kern des
Bogens bestand aus der Mischung 1:8. Die Betonmischung erfolgte von Hand, das
Einbringen gleichzeitig von beiden Kämpfern aus gegen den Scheitel; dabei sind Stücke
von 2,5 bis 3,18 m Länge eingebracht und fertiggestellt worden; das Stampfen geschah
bei den nur 14 cm dicken besseren Mischungen radial, im übrigen tangential, ausgenommen
ein kurzes Stück im Gewölbscheitel. Das Gewölbe ruhte auf gefalteten Asphaltplatten,

welche gelenkartig wirken sollten. $2^1/_2$ Monate nach Fertigstellung begannen die Belastungsversuche des Gewölbes, welches nach 6 Wochen ausgeschalt worden war, wobei sich nur eine Scheitelsenkung von 0,6 mm ergeben hatte.

Die ersten Risse zeigten sich bei 5,5 t/m einseitiger Belastung; die größten Senkungen und Horizontalverschiebungen betrugen hierbei bei Punkt 7^b 9,55 und 6,30 mm, bei Punkt 7 6,50 und 3 mm; sie verminderten sich nach vollzogener Entlastung auf 5,85 und 4,15 mm bezw. 3,40 und 2,05 mm. Der Bruch des Gewölbes erfolgte plötzlich bei 7,239 t/m; kurz zuvor bei 6,847 t/m Belastung haben die größten Bewegungen bei Punkt 7^b 12,15 und 7,80 mm, bei Punkt 7 8,85 und 2,05 mm in vertikaler und horizontaler Richtung erreicht. Die Risse zeigten abweichend von den aus geschichteten Steinen hergestellten Bögen einen recht unregelmäßigen, keilförmigen Verlauf.

Der Abbruch des Stampfbeton-Gewölbes hat interessante Aufschlüsse über das Verhalten derartiger Gewölbe überhaupt geboten. Der Beton konnte überall dort, wo die verschiedenen Mischungsverhältnisse desselben aneinandergrenzten, durch kräftig geführte Schläge in regelmäßig brechende Platten gespalten werden, einheitliche Mischungsverhältnisse von Beton werden daher vorzuziehen sein, sofern die verschiedenen Partien nicht radial aneinandergrenzen.

Außerdem wurden an einzelnen Stellen, trotzdem der Beton 3 Monate alt war, Partien vorgefunden, in denen derselbe nur ungenügend abgebunden und nicht diejenige Festigkeit erlangt hatte, welche er an anderen Stellen besaß; dies zeigte sich insbesondere an der Bruchstelle bei Punkt 7^b.

Die an den Widerlagern eingebrachten gefalteten Asphaltplatten zeigten keine wesentliche Deformation, sie haben deshalb vermutlich auch nur sehr unvollständig gelenkartig gewirkt.

d) Das Monier-Gewölbe erhielt 35 cm Scheitel- und 60 cm Kämpferstärke, es griff ca. 1,8 m in die Widerlager hinein und war daselbst in Beton eingebettet. Die Einlagegitter bestehen aus durchlaufenden Rundeisenstäben von 14 mm Dicke und 7 mm dicken Querstäben mit 65 mm Maschenweite; die Herstellung des unteren Drahtgitters geschah unmittelbar auf der Gewölbschalung, während das der äußeren Leibung entlang laufende Gitter stehend geflochten wurde. Das Gewölbe hat, abweichend von den bisher besprochenen, eine parabolische Form erhalten. Der verwendete Beton bestand aus 1 Raumteil Portland-Cement auf 3 Raumteile Donausand.

Die Herstellung des Gewölbes erfolgte mit 4 Misch- und 4 Stampfpartien (45 Mann) derart, daß erst das auf der Gewölbschalung liegende Drahtgeflecht 5 bis 6 cm gehoben und auf kleine Schottersteine gelegt wurde, worauf der eingebrachte Beton, vom Widerlager und den Gewölbvierteln Punkt 7 und 7^b aus beginnend eingebracht, durch das Drahtgeflecht durchgestoßen und in Schichten von ca. 15 cm Höhe radial festgerammt wurde; der Gewölbschluß erfolgte demgemäß an 3 Stellen, bei Punkt 7^b, 7 und 13. In Schichten von der bezeichneten Dicke wurde der ganze Gewölbkern bis auf 8 cm Abstand von der äußeren Leibung aufgebracht und festgestampft; alsdann ist das obere Eisentragnetz aufgelegt und einbetoniert worden. Der fertige Bogen wurde mit einer 15 cm hohen Sandschicht bedeckt, welche stets feucht gehalten worden ist. Nach 7 Wochen erfolgte die Ausschalung und 4 Wochen später konnte mit den Belastungsproben begonnen werden.

Die Scheitelsenkung hat beim Ausschalen 1,25 mm betragen. Bei 6,828 t/m zeigten sich die ersten Haarrisse bei Punkt 8/9; Punkt 7^b zeigte hierbei 11,9 und 8,45 mm, Punkt 7 — 16,20 und 8,75 mm vertikale und horizontale Bewegung.

Bei der Steigerung der Belastung auf 8,675 t/m erreichten diese Bewegungen 19,45/12,95 mm und —26,15/14,60 mm, sie ermäfsigten sich nach Wegnahme der Belastung auf 8,95/8,30 mm und —11,20 5,65 mm, die Risse schlossen sich jedoch wieder.

Bei 11,900 t/m Belastung erreichten die Bewegungen 47,40/30,20 mm und — 62,90/37,10 mm und bei 12,706 t/m trat sehr langsam der Bruch ein.

Schon von 8,675 t/m Belastung ab konnte beobachtet werden, dafs drei Haarrisse zwischen Punkt 8 und 10 durch das ganze Gewölbe auf die ganze Dicke desselben hindurchgingen; die Zahl der Risse ist bei der Monier-Konstruktion insbesondere bei den Punkten 7 und 7ʰ eine auffallend grofse, ihr Verlauf meist radial gewesen.

Auch bei diesem Gewölbe sind Druckerscheinungen, wie das Aufblättern des unbelasteten Kämpfers, erst beim Gewölbbruch selbst entstanden.

Güteproben der bei den Versuchs-Objekten verwendeten Baumaterialien. Die in dem mechanisch-technischen Laboratorium der K. K. Technischen Hochschule in Wien durchgeführten Versuche ergaben Folgendes:

						Zugfestigkeit in at nach Tagen				Druckfestigkeit in at nach Tagen			
						7	28	84	180	7	28	90	180
Cement vom Bruchstein und Ziegelgewölbe													
Cement vom Stampfbeton-gewölbe Purkersdorf													
Cement vom Monier-Gewölbe Purkersdorf													

Der Elasticitätsmodul erwies sich als eine recht schwankende Gröfse, er wurde zu ca. 307000 kg für Mörtel von 251 at Druckfestigkeit gefunden.

Die Betonuntersuchungen ergaben mit Würfeln von nur 10 cm Seitenlänge:

Verwendungsart	Mischung		Druckproben		Zugproben		
		Alter Monate	Bruch-festigkeit im Mittel at	Elasticitäts-modul für Prismen 9 135 cm kg qcm	Alter Monate	Bruch-festigkeit im Mörtel at	Elasticitäts-modul at
Vom Stampfbetonbogen in Purkersdorf	1 Cement 3 Sand 5 Schotter	3	107	74100	6	9	98000
	1 Cement 2 Sand 3 Schotter	3	256	--	6	25	280000
	1 Cement 1 Sand 1 Schotter	3	152	—	6	18	250000
Vom Monier-Bogen in Purkersdorf	1 Cement 3 Sand	1	238	364000	5	17	400000
	1 Cement 3 Sand	3	255	328000	5	18	437000

Bei den mit Betonprismen gemachten Elasticitäts-Versuchen wurde wahrgenommen, daſs schon bei verhältnismäſsig geringen Belastungen bleibende Längenveränderungen eintraten.

Die Gesamt-Längenveränderungen sollen jedoch sowohl bei Zug- als bei Druckversuchen nahezu proportional den Belastungen gefunden worden sein.

Die Druckfestigkeiten der verwendeten Steine und Mörtel wurden nachstehend gefunden:

Steinart und Gröſse	Druckfestigkeit im Mittel in at	Elasticitätsmodul in at
Mörtel vom Bruchsteingewölbe, Würfel 5,5 cm	78	—
Sandstein von Purkersdorf, Würfel 8 cm	747	137000—271000
Viertelziegel	89—266	45000—102000

Melan und Neumann haben sich der mühevollen Arbeit unterzogen, die praktische Richtigkeit und Zulässigkeit der neueren, auf die elastischen Eigenschaften des Mauerwerkes gegründeten Gewölbtheorie an der Hand des Beobachtungsmateriales, insbesondere der Formänderungen, zu prüfen und die Elasticitätskoefficienten des Gewölbmateriales zu bestimmen.

Für das Bruchsteingewölbe wurde für 3 Belastungsfälle der Elasticitätsmodul $E = 67000$ at, für das Ziegelgewölbe für 3 Belastungsfälle etwa zu 28000 at, für das Stampfbetongewölbe, das der Asphaltplatten wegen nicht als eingespannter Bogen berechnet werden konnte, das vielmehr als Zweigelenkbogen in Rechnung gestellt werden muſste, wurde der den beobachteten Formänderungen entsprechende Elasticitätsmodul in 5 Belastungsfällen wenig zuverlässig von 69000 bis 406000 at gefunden; schätzungsweise wird er für kleine Belastungen auf 246000 at vermutet. Haben nun die Versuchsergebnisse auch hinsichtlich der Bestimmung der Elasticitätskoefficienten zu keinem befriedigenden Resultate geführt, so hat doch die Beobachtung der vertikalen Verschiebungen der Viertelspunkte 7ᵇ und 7 in sämtlichen Gewölben gezeigt, daſs dieselben bis zu einem gewissen Punkte proportional der Belastungen sind; innerhalb dieser Grenze ergiebt sich der Elasticitätskoefficient

für das Bruchsteingewölbe zu . . . . . . 60400 at
„ „ Ziegelgewölbe zu . . . . 27800 „
„ „ Monier-Gewölbe zu . . . . 333500 „

während für das Betongewölbe 71200 oder 420800, im Mittel 246000 at gefunden wurden, je nachdem der Betonbogen als Zweigelenk- oder als eingespannter Bogen behandelt wird.

Die Proportionalitätsgrenzen ergeben sich

beim Bruchsteingewölbe bei . . . . 1,53 t m Belastung,
„ Ziegelgewölbe „ . . . . 1,53 „ „
„ Betonbogen „ . . . . 2,47 „ „
„ Monier-Bogen „ . . . . 2,46 „ „

Dagegen begann die Riſsbildung erst

beim Bruchsteingewölbe bei . . . . 2,45 t m Belastung,
„ Ziegelgewölbe „ . . . . 1,83 „ „
„ Betonbogen „ . . . . 2,75 „ „
„ Monier-Bogen „ . . . . 3,41 „ „

Wiederholte und länger dauernde Belastung erwies sich als von Einfluß auf die Größe der Verschiebungen.

Die ersten Risse traten auf

beim Bruchsteingewölbe bei 9ᵇ und 9, sodann am Kämpfer 1ᵇ und hernach am Kämpfer 1;

„   Ziegelgewölbe bei 9/10ᵇ und 9,10, sonst ebenso wie zuvor;

„   Betonbogen erst bei 7/8ᵇ, später am Kämpfer bei 1;

„   Monier-Bogen erst am Kämpfer, dann zwischen 8/9 und 8,9ᵇ.

Die Risse bildeten sich in allen Fällen sonst ohne Geräusch; bei dem Fugengemäuer wurde die Adhäsion des Mörtels, beim Beton- und Monier-Bogen der Zugwiderstand des Betons zuerst überwunden. Die Risse schlossen sich bei der Entlastung der Gewölbe wieder. Im Fugengemäuer verliefen die Risse längs der Fugen, beim Beton- und Monier-Gewölbe jedoch unregelmäßig mit Verästelungen.

Bruchstein-, Ziegel- und Monier-Bogen senkten sich beim Bruch ruhig auf das Traggerüst, der Betonbogen brach jedoch plötzlich zusammen.

Der Adhäsionswiderstand des Mörtels für Bruchstein- und Ziegelgewölbe wurde aus der der ersten Rißbildung entsprechenden Belastung zu 6 bis 9 at, beim Beton die Zugfestigkeit zu 17 at Randspannung, beim Monier-Bogen für ideell gleichartiges Material die Rand-Zugspannung zu 40 bis 64 at berechnet.

Die Vergleichung der Proportionalitäts-, kritischen und Bruchbelastungen ergab:

Gewölbekonstruktion	Belastung für		
	Proportio-nalitätsgrenze	kritische (erste Rißbildung)	Bruch
	t,qm	t,qm	t,qm
Bruchsteinbogen	1,530	2,437	3,218
Ziegelbogen	1,530	1,830	2,937
Betonbogen	2,474	2,750	3,619
Monier-Bogen	2,465	3,411	6,353

Für die Proportionalitätsgrenzen und die kritischen Lastgrenzen betragen die Zug- und Druckspannungen mit Annahme der durch die Untersuchungen gefundenen Elasticitätskoefficienten folgendes, wobei der Monier-Bogen als aus ideell gleichartigem Material bestehend gedacht wurde:

Gewölbekonstruktion		Für die Proportionalitätsgrenze					Für die kritische Belastung			
		Randspannung					Randspannung			
		unbelastete Seite	belastete Seite				unbelastete Seite	belastete Seite		
	Last	Kämpfer	Gewölbe Querschn.	Gewölbe Querschn.	Kämpfer	Last	Kämpfer	Gewölbe Querschn.	Gewölbe Querschn.	Kämpfer
		at	at	at	at		at	at	at	at
Bruchsteinbogen	1,	+ 11,2	− 6,4	+ 14,2	,4	2,4	+ 17,0	− 7	+ 20,8	9,4
		2,5	+ 1,5	− 2,	13,0		− 7,1	+ 21,0	6,7	+ 21,4
Ziegelbogen .	1,	+ 9,1	2,3	+ 1,8	− 6,3	1,8	+ 10,0	−	+ 14,0	1,8
		,0	+ 11,0		+ 12,3		4,1	12,3	− 7,0	+ 13,8
Betonbogen	2 47		1	24,			15,4	+ 41,7		
			+ 2,2	1,9			+ 2,4	17,0		
Monier-Bogen	. 2,4	+ ,8	7,0	+ 58,4	− 0,4	,4	+ 1,2	32,0	+ 78,0	− 11,7
		7,	+ 9,8	15,	+ 14,4		40,0	+ 8,4	64,0	+ 58,6

Die Übereinstimmung zwischen den Beobachtungen und den wichtigsten Rechnungsergebnissen gestattet den Schluß, daß Gewölbe der behandelten Art als elastische Bogenträger ohne Gelenke berechnet werden dürfen; dabei ist jedoch Vorbedingung, daß

1. die Widerlager in horizontalem und vertikalem Sinne unnachgiebig sind;
2. daß die Lehrgerüste ihre Form während des Gewölbbaues möglichst unverändert erhalten;
3. daß gutes Wölbmaterial, insbesondere guter Mörtel, zur Verwendung gelange;
4. daß die Ausführung der Wölbung eine sorgfältige sei;
5. daß das Gewölbe nicht früher gelüftet werde, als bis der Mörtel die genügende Festigkeit erreicht hat, und daß
6. die Senkung des Lehrgerüstes vorsichtig, gleichmäßig und langsam erfolge.

II. Steinbrücken-Ausführungen ohne Gelenkeinlagen.

1. Grofse Steinbrücken in Deutschland.

Rheinhardt-Stuttgart stellte „Über die Kunst des Wölbens"[1]) wertvolle praktische Grundsätze auf, nach welchen beim Bau von Gewölben aus lagerhaften Steinen verfahren werden müsse, wenn ein elastischer Bogen hergestellt werden wolle; dieselben enthalten im wesentlichen Folgendes: Der die einzelnen Steine verbindende Mörtel muß nicht nur die erforderliche Festigkeit haben, sondern er soll sich auch mit den Steinen untrennbar verbinden. Der Mörtel ist möglichst steif, also ohne überschüssiges Wasser zuzubereiten, wenn der höchste Härtegrad erreicht werden will; ebenso ist das Annetzen der Steine vor dem Einbringen des Mörtels unbedingt geboten, damit dem Mörtel nicht das in ihm enthaltene und zu seiner Erhärtung nötige Wasser entzogen wird.

Je rauher die Flächen der Lager- und Stoßfugen sind, desto besser haftet der Mörtel an ihnen; mit Hammer und Zweispitz ganz rauh geschaffte Fugenflächen sind daher sorgfältiger bearbeiteten Fugenflächen vorzuziehen. Die zur Verwendung kommenden Steine, sowie der Sand müssen vollständig rein sein.

Die Dicke der Fugen ist von der Höhe der Steine und von der Art und Weise der Bearbeitung der Fugen abhängig; je höher die Steine und je rauher die Fugenflächen sind, um so weiter müssen die Fugen gehalten werden. Die Verwendung dünnflüssigen Mörtels ist nicht zu empfehlen, weil derselbe nur sehr langsam erhärtet und geringe Festigkeit erlangt. Die dem Mörtel zu gebende Zusammensetzung hängt von dessen Inanspruchnahme ab; für kleinere Gewölbe, bei denen die Inanspruchnahmen 15 at nicht übersteigen, wird die Zusammensetzung von 1 Teil Portland-Cement, 1 Teil Wasserkalk oder Fettkalk und 6 Teile grober Quarzsand empfohlen, wogegen bei Druckbeanspruchungen von 45 bis 50 at und mehr, sowie bei kurzer Bauzeit der Mörtel aus 1 Teil Portland-Cement und 2 Teilen Sand zusammengesetzt werden soll.

---

[1]) Centralbl. d. Bauverw. 1886, S. 325, 339, 349.

Lfde. No.	Bezeichnung der Brücke	Baugrund	Stützweite m	Spannweite m	Pfeilhöhe m	Brückenbreite m	Baumaterial	Bauweise	Gewölbstärke im Kämpfer m	Gewölbstärke im Scheitel m	Zeit zum Wölben Tage	Rüstzeit bis zum Ausrüsten Tage
1	Wieslauf-Brücke beim Burghölle 1884	fester Mergel	11,5	9,9 (10,5)	2,15 (3,3)	3,6	Keuper-Sandstein	Bruchstein-Mauerwerk, Fundament Beton	0,5 (0,7)	0,5	14	4
2	Kleinenz-Brücke beim Schlößchen 1885	grober Kies	13,4	10,9 (12,4)	2,1 (3,7)	3,7	Waldfindlinge aus dem Bunt-sandstein	Rauhes Quadergewölbe auf Betonfundamenten, schräg 30°	0,45 (0,55)	0,35	13	35
3	Glatt-Brücke beim Neunecker Schwall 1885	dto.	17,2	14,3 (15,3)	2,6 (3,3)	5,7	gebrochene harte Bunt-sandsteine	dto. Fundament Beton, Spundwände, Pfähle	0,7 (0,85)	0,45	6	16
4	Murg-Brücke bei Heselbach 1886	fester Granit-Felsen	30,9	30,4 (33,4)	3,55 (4,4)	3,9	Waldfindlinge aus dem Bunt-sandstein	Rauhes Quadergewölbe, Fundament Stampfbeton	0,9 1,0	0,6	14	35
5	Murg-Brücke beim Igenbach 1888	oberes Rot-liegendes	24,9	21,5 (24,0)	2,5 (3,4)	3,9	dto.	dto. Fundament Stampfbeton mit Steineinlagen	0,85 1,0	0,50	5½	21
6	Enz-Brücke bei der Kälbermühle 1888	Aplit-Felsen	14,9	14,5 (16,0)	2,4 2,7	5,9	dto	dto Fundament Stampfbeton	0,45 0,6	0,55	—	—
7	Eynach-Brücke bei der Schöttlesmühle 1888	grober Kies	14,2	11,9 (14,5)	2,6 (3,2)	4,0	dto.	dto. Fundament Stampfbeton, schräg 37°	0,5 (0,55)	0,45	9	28
8	Murg-Brücke bei Huzenbach 1889	Gneis-Felsen	11,5	35,0 (35,0)	4,0 (4,7)	5,9	dto.	dto. Fundament Stampfbeton mit Steineinlagen	0,88 0,9	0,6	11	23
9	Thonbach-Brücke 1893	Granit-Felsen	14,5	10,3 (11,0)	1,65 1,9	4,5	dto	Rauhes Quadergewölbe, schräg 30	0,5	0,35	4	14

Anmerkung. Die eingeklammerten Zahlen beziehen sich auf die Oberkante des Fundamentbetons.

Senkung des Scheitels		Grösste Inanspruchnahme des Baumaterials				Bau-zeit	Brückenbaukosten					
beim Ausschalen mm	im ganzen mm	im Fundament at	im Kämpfer at	in der Bruchfuge at	im Scheitel at	Monate	Gründung und Aufbau bis zu den Kämpfern M.	Lehrgerüste M.	Aufbau über dem Kämpfer M.	Gesamtaufwand M.	auf 1 qm Brückenoberfläche für die sichtbare Spannweite M.	für die Stützweite M.
—	—	ca. 3,5	5,5	—	7,0	3	450	300	1850	2600	80	63
—	—	—	—	—	—	3	400	700	1300	2400	65	49
—	—	—	—	—	—	1¾	1950	650	2000	4600	87	72
25	30	19 (25)	38	—	45	3	600	1300	7900	9800	83	72
24	—	ca. 3,0	18	—	28	2½	1410	984	5106	7500	90	69
—	—	—	—	—	—	—	1000	830	2770	4600	82	62
—	—	—	—	—	—	3	640	520	2480	3640	83	69
60	80	ca. 4,4	20 (40)	—	26 (52)	3	1410	1330	6760	9500	74	59
—	—	—	—	—	—	1	120	460	1520	2100	45	40

Die Gewölbsteine werden zunächst trocken versetzt, durch Holzkeile von der beabsichtigten Fugenweite — meist 25 mm — an der inneren und äufseren Leibung in der richtigen Lage erhalten; hierauf sollen die Lehrgerüste durch Anziehen der unter denselben gelagerten Keile erforderlichenfalls wieder soweit gehoben werden, dafs die Bögen die beabsichtigte Form neben derjenigen Überhöhung erhalten, um welche sich beim Ausschalen des Gewölbes das letztere senken kann.

Der thunlichst trocken zu haltende Mörtel wird, wenn die Gewölbsteine versetzt sind, mit schmalen eisernen Stämpfeln in die Fugen satt eingestofsen; in jeder Gewölbhälfte werden anfänglich 2 Steinschichten zunächst den Kämpfern ausgelassen und durch kurze Verspannungsdielen ersetzt; erst nach Schlufs des Gewölbes werden diese Schichten eingebracht.

Das Gewölbe wird nach seiner Fertigstellung zur Verhütung von Haarrissen und von Auswaschungen des Mörtels mit Reisig und Moos überdeckt, auch erforderlichenfalls an trockenen Tagen mehrmals angenetzt.

Die Holzklötzchen an der inneren und äufseren Leibung werden nach dem Einbringen des Mörtels herausgenommen oder herausgehauen und durch Mörtel ersetzt.

Das Ausschalen kann in der Regel nach 3 Wochen durch Lösen der Keile erfolgen. Der Verwendung von eisernen Gelenken, Bleiplatten u. dergl., welche angeblich eine richtige Druckverteilung im Gewölbe bewirken sollen, ist Rheinhardt ebenso wenig zugethan wie dem Gebrauch von Sandtöpfen beim Ausschalen der Brücken. Nach den vorstehenden Grundsätzen hat Rheinhardt eine Reihe von Wegebrücken für die württembergische Staats-Forstverwaltung ausgeführt, welche sich durch Kühnheit und sparsame Anlage auszeichnen.

Die Berechnung der Brücken erfolgte nach „Tolkmitt, Zeitschr. f. Bauw. 1885"; meist sind Fuhrwerkslasten von 10 t Gesamtgewicht bei 3 m Achsentfernung der Berechnung zu Grunde gelegt worden.

Die Tabelle S. 22 u. 23 giebt eine Übersicht über die wichtigsten Abmessungen der Brücken, die dabei stattfindende Inanspruchnahme des Baumateriales, die Senkungen und die erforderlichen Aufwendungen.

Die Figuren auf Taf. I, No. 24 bis 42 geben Darstellungen der wichtigsten dieser Brücken, welche in den Jahren 1884 bis 1893 zur Ausführung gelangt sind.

Eisenbahnbrücke über den Main für die Lokalbahn von Kitzingen nach Gerolzhofen, von Hofmann[1]), Taf. III, Fig. 1 bis 4. Die 210 m lange Brücke ist ein Bauwerk, das von der erfolgreichen Handhabung der neueren Mauertechnik in der Herstellung steinerner Brücken rühmliches Zeugnis ablegt. Die Brücke liegt in 2,5⁰/₀₀ Gefälle, sie ist einspurig und für einen gröfsten Raddruck von 7 t, sowie für einen Zug von dreiachsigen, 7 m langen Lokomotiven von 36 t Dienstgewicht berechnet (mit 1,68 t für das qm Brückenoberfläche). Die Brücke hat 6 Öffnungen von 25,366 m bis 36,532 m Lichtweite erhalten; die Breite in Gleishöhe beträgt 4,2 m. Die beiderseitigen verlorenen Widerlager greifen in die anschliefsenden Dämme hinein, sämtliche Pfeiler sind auf die plattenförmigen Felsschichten des Hauptmuschelkalkes gegründet worden.

Pfeiler. Die Zwischenpfeiler haben in Kämpferhöhe 3 m bis 3,15 m Dicke bei 3,8 m Länge und ¹/₅₀ Anlauf; die beiderseitigen Vorköpfe zeigen Schneiden. Die gröfste Pressung des Baugrundes unter den Zwischenpfeilern erreicht 6,3 at, wogegen die gröfste Druckspannung in den Pfeilern 13,2 at beträgt. In den verlorenen Widerlagern, die

¹¹ Deutsche Bauz. 1894, S. 308, mit Abb.

als Fortsetzungen der Gewölbbögen unter Berücksichtigung des Erddruckes entworfen wurden, steigt die Pressung des Fundamentes auf 7,3 at, im Mauerwerk selbst dagegen treten Zugspannungen bis zu 3,2 at und Druckspannungen bis zu 15 at auf.

Hauptbögen. Die 4 Hauptbögen sind derart angeordnet worden, daß die Kämpferlinien auf die Höhe des 1845er Hochwassers zu liegen kommen, und daß die Aufsenleibungen der Bögen bis 0,5 m unter die Bahnebene reichen. Für die Bemessung der Stärke der Bögen sollte eine gröfste Druckbeanspruchung des Gewölbmauerwerkes von 27 at mafsgebend sein, wogegen Zugspannungen ausgeschlossen waren; die 5 Bögen gleicher Form erhielten hiernach die gleiche Scheitelstärke von 1 m. Die Form der Bögen wurde durch Versuche aus den Druckmittellinien bestimmt; sie mufste der Bedingung entsprechen, dafs die für die ungünstigsten Belastungsfälle möglichen Stützlinien sämtlich noch im Kern, d. h. im inneren Drittel des Bogens verliefen; der erste einseitige Bogen wurde besonders entworfen und teils mit Rücksicht auf das Aussehen der Brücke, teils behufs Vergröfserung des Bogenschubes gegen die Nachbaröffnung etwas stärker als unbedingt nötig gehalten; die Scheitelstärke dieses Bogens beträgt 0,8 m.

Die Innenleibungen sämtlicher Bögen sind Korbbögen aus mehreren einseitig verteilten Mittelpunkten; die Linie der Aufsenleibungen wurde dadurch festgelegt, dafs der Aufrifs der Fugenlänge überall gleich grofs wurde. Im Gewölbmauerwerk der Brückenbögen sind behufs der Verstärkung des seitlichen Zusammenhanges eiserne Schlaudern angeordnet worden. Als gröfste Druckbeanspruchung des Gewölbmauerwerkes wurde in den Hauptbögen im Scheitel 12,7 at, im Kämpfer (30° über Horizont) 27,1 at und in der Bruchfuge 25,2 at ermittelt.

Sparbögen. Die geringe Breite der Brücke bei verhältnismäfsig grofser Höhe der Bögen gab Veranlassung zur Auflösung des Stirnmauerwerkes der Brücke in eine Bogenstellung. Die Weite der senkrecht zur Brückenstirne gestellten Sparbögen wurde nach einigen vergleichenden Untersuchungen auf 2 m festgesetzt; die ebenfalls in steiler Korbbogenform entworfenen Sparbögen erfahren bei einer Scheitelstärke von 0,3 m nur eine unbedeutende Beanspruchung; ihr Rücken liegt indessen wegen der geringen Bogenstärke 0,3 m tiefer als jener der Hauptbögen. Die Pfeiler der Sparbögen sind je nach ihrer Höhe 0,6 bis 0,9 m dick und mit ¹/₁₀ Anlauf versehen. Die gröfste Beanspruchung des Mauerwerkes dieser Pfeiler beträgt 2,7 at Zug und 8,3 at Druck.

Fahrbahntafel. Über den Sparbögen und dem höher gelegenen Teile der Hauptbögen sind die Stirnen der Brücke mit Stützmauern abgeschlossen, welche mit 20 cm auskragenden Steinplatten abgedeckt sind; leichte Geländer aus Winkeleisen begrenzen die 4,2 m breite Brückenoberfläche; über den Hauptpfeilern ist die Brückenbreite mittels Kragsteinen auf 4,6 m erbreitert, um den auf der Brücke befindlichen Menschen beim Übergang eines Zuges einen sicheren Standort zu verschaffen.

Die unter der Fahrbahn liegenden Gewölbflächen, sowie die anschliefsenden Rückseiten der Stirnmauern sind mit Cementmörtel abgeglättet und mit Asphaltfilzplatten belegt. An den tiefsten Stellen der wasserabführenden Schichten sind Schächte mit Wasserableitungsröhren angebracht. Der Raum über dem Asphaltbelag ist mit Mainkies ausgefüllt.

Gründung. Spundwände waren nur an den Gründungen im fliefsenden Wasser am 2. und 5. Pfeiler notwendig, im übrigen bot die Gründung keinerlei Schwierigkeit.

Baumaterial. Der weitaus gröfste Teil des sämtlichen Mauerwerkes besteht aus Muschelkalksteinen, die in der Nähe der Baustelle gewonnen wurden; die Sockelschichten, die Pfeilervorköpfe, die Stirnen der Bögen, die Deckplatten und einige sonstige wichtigere Bauteile wurden aus Trigonodus-Muschelkalk von Winterhausen, der in beliebig grofsen Stücken erhältlich ist und sich gut bearbeiten läfst, hergestellt.

Das Mauerwerk der Brücke ist im grofsen Ganzen als Bruchsteinmauerwerk behandelt worden, nur die sichtbaren Flächen der Trigonodussteine sind rauh bossiert oder gespitzt, das Mauerwerk ans gewöhnlichen Kalksteinen ist dagegen mit dem Hammer gerichtet worden.

Zum Mörtel wurde Mannheimer Portland-Cement und Weifskalk aus der Umgebung der Baustelle nebst Mainsand verwendet, für gewöhnliches Mauerwerk im Verhältnis 1 : 1 : 5 bis 6, für Gewölbe 1 : ¼ : 3. Der Mörtel wurde in gewöhnlichen Pfannen von Hand gemischt. Besondere Sorgfalt wurde darauf verwendet, das rasche Trocknen des frischen Mörtels durch aufgelegte feuchte Tücher zu verhindern. Der verwendete Portland-Cement wurde periodisch geprüft, 28 Tage alte Probekörper aus Mörtel von 1 : 1 : 5 bezw. 1 : ¼ : 3 haben hierbei durchschnittlich Zugfestigkeiten von 4,6 und 13,4 at ergeben.

Gerüste. Die Pfeiler wurden von festen, bis zur Kämpferhöhe reichenden Gerüsten aus hergestellt. Die Lehrgerüste der Hauptbögen bestanden aus 3 Bindern, die auf 6 bis 7 Reihen eingerammter Pfähle mittels eiserner Hebeschrauben ruhten. Der Untergurt der Lehrbögen bestand aus I-Eisen, alles übrige aus weichem Holz; an den Stöfsen von Hirnholz mit Langholz waren eiserne Schuhe angebracht. Die nach dem Dreiecksystem zusammengesetzten Lehrbögen trugen zunächst die Kranzhölzer, auf welchen die Bretterschalung nach der Längsrichtung der Brücke aufgebracht war. In Abständen von 4 bis 6 m waren auf den Lehrbügen sogenannte künstliche Widerlager aufgebracht, sodafs an den Gewölben gleichzeitig in 5 bis 7 Gruppen gearbeitet und von einer dem Wölben vorausgehenden Belastung der Lehrgerüste abgesehen werden konnte.

Baubetrieb. Die Arbeiten wurden am 17. August 1891 begonnen und am Schlusse des Jahres wegen Frost eingestellt; in dieser Zeit wurde der zweite, dritte, vierte und fünfte Pfeiler bis zum Kämpfer aufgemauert.

Der Wasserzudrang ist in den sämtlichen Baugruben mit einer Centrifugalpumpe von 25 cm Saugrohrweite bewältigt worden; das Mauerwerk wurde auf freigelegte stärkere Steinbänke aufgesetzt. In der Baugrube des dritten Pfeilers stiefs man auf eine etwa 1 m breite Verwerfungsspalte, die mit Beton ausgefüllt wurde. Während des Winters 1891,92 wurden die Lehrgerüste der Hauptbögen abgebunden und die Arbeiten am 21. März 1892 wieder aufgenommen.

Nachdem sämtliche Lehrbögen standen, wurde der 6. Bogen eingewölbt und es folgten sich nun die Arbeiten gegen das rechte Widerlager zu in der Weise fortschreitend, dafs bald nach Schlufs eines Bogens auch die Sparbögen, des raschen Fortganges des Baues wegen, aufgemauert wurden. Die Ausrüstung der Bögen erfolgte gleichfalls von links nach rechts fortschreitend, nachdem der sechste Bogen 67 Tage, der fünfte 63, der vierte 54, der dritte 41, der zweite 45 und der erste Bogen 24 Tage geschlossen auf dem Lehrgerüst geruht hatte.

Die Ausrüstung geschah ohne Zwischenfall durch langsames gleichmäfsiges Nachlassen der Schrauben; die Scheitelsenkungen betrugen hierbei von rechts nach links 10, 8, 10, 11, 3 und 0 mm. Eine Senkung der Widerlager und Pfeiler trat nicht ein; die Sparbögen öffneten sich über den Pfeilern im Scheitel, die Risse wurden sorgfältig mit Cementmörtel ausgegossen.

Am 22. Oktober 1892 war die Brücke fertig und fahrbar. Infolge der Temperaturschwankungen pflegen sich im strengen Winter die obengenannten Risse der Sparbögen über den Pfeilern bis auf 4 mm Weite zu öffnen; bei steigender Temperatur schliefsen sie sich wieder vollständig; die Risse sind oberhalb sorgfältig mit Blech abgedeckt worden und im übrigen unschädlich.

Baukosten. Die Gesamtkosten der Brücke betrugen 153000 M., wovon auf die Lehrbögen der Hauptgerüste allein 36000 M. entfallen; die Brücke enthält 3063 cbm Mauerwerk, wovon das cbm einschliefslich der Rüstungen und aller Nebenarbeiten auf etwa 38 M. zu stehen kommt. Das laufende Meter der Brücke kostet 727 M., das qm der Grundrifsfläche zwischen den beiden Widerlagern kommt auf nur 173 M.

Die Brücke verbindet mit dem Eindruck voller Stabilität ein leichtes, beinahe zierliches Aussehen und ist als ein hervorragendes Beispiel einer wohlgelungenen billigen Steinbrücke von grofsen Dimensionen zu betrachten.

Von den in Deutschland im Laufe der letzten 10 Jahre gebauten Steinbrücken, bei welchen die Gewölbmauerung in einzelnen Stücken und der Gewölbschlufs an einer gröfseren Zahl offen gebliebener Stellen gleichzeitig erfolgte, mögen weiter nachstehende Bauten erwähnt werden.

Die Mauritius-Brücke in Breslau[11]), eine Strafsenbrücke, führt auf 3 Bögen von je 13,80 m Spannweite über die Ohle; die Gewölbdicke im Scheitel beträgt 0,51 m, in den Kämpfern 0,78 m. Die Brückenpfeiler wurden auf Beton zwischen Spundwänden gegründet und in Granitbruchsteinen aufgemauert; die Gewölbe bestehen aus Klinkermauerwerk in Cementmörtel; jedes Gewölbe wurde an 4 Stellen begonnen und an 5 Stellen geschlossen. In einer Woche war die Mauerung vollendet, nach 3 Wochen erfolgte die Ausschalung, die keine mefsbaren Senkungen ergab.

Die neue „Lange Brücke" in Potsdam[12]), gleichfalls eine Strafsenbrücke, überschreitet zwei Arme der Havel mit 3 Gewölben von je 11,3 m und mit 2 Gewölben von je 18 m Spannweite; die Bögen sind nach Korbbogenlinien geformt; die Breite der Brücke beträgt 18 m. Die Mittelpfeiler sind an der ersten Bogengruppe 2 m, an der zweiten 3 m dick. Die Pfeiler wurden teils auf Pfähle, teils auf Betonklötze gegründet. Die Gewölbe sind aus Klinkermauerwerk in Cementmörtel ausgeführt und nur die Stirnen derselben mit Sandsteinquadern verkleidet worden.

Die Stirnquader wurden trocken auf eingelegte Bleistreifen versetzt und die Fugen erst mit Cementmörtel ausgegossen, als der in die Werksteinverkleidung eingreifende Klinkerring vollendet war; auch sollen in der Sandsteinverkleidung in provisorischer Weise Gelenke aus eisernen Röhren angebracht gewesen sein, welche beseitigt und durch Cementmörtel ersetzt worden sind, als die Schlufsschichten eingefügt wurden. In den Bruchfugen der Backsteingewölbe sind Schlitze offen geblieben, welche erst beim Gewölbschlufs gleichzeitig geschlossen wurden.

Die gröfsten Inanspruchnahmen sind in den Gewölben auf 12,7 at, in den Strompfeilern auf 7 at, für einen 35 cm starken Rostpfahl auf 31,9 t berechnet worden; die Rostpfähle wurden erst mit 6 at Überdruck mittels Wasserspülung 6 m tief abgesenkt und nur die letzten 3 m eingerammt. Die Lehrgerüste zeigten unmittelbare Unterstützung der Kranzbohlen ohne Sprengwerke; sie ruhen auf Sandtöpfen. Das Ausschalen der Gewölbe erfolgte nach 3½ Wochen.

Beim Neubau der Kaiser Wilhelms-Brücke über die Spree in Berlin[13]) haben die 8,2 m, 22,2 m und 8,2 m weiten Bogenöffnungen Korbbogenform erhalten; sie bestehen ganz aus Werksteinen. Die Bruchfugen sind zunächst nur in ihrem unteren Drittel mit Mörtel vergossen und erst nach dem Ausschalen vollständig ausgefüllt worden.

An der Strafsenbrücke über die Norder-Elbe bei Hamburg[14]) von Gleim und Engels sind die Flutöffnungen als Korbbögen geformt; sie haben 21,30 m lichte Weite bei 3,20 m Pfeilhöhe und bestehen in der Hauptsache aus Klinkern von 800 at Druckfestigkeit, die in Cementmörtel im Mischungsverhältnis 1 : 1 vermauert wurden; die Stirnen der Gewölbe sind mit Basaltlava verkleidet worden.

[11]) Centralbl. d. Bauverw. 1885, S. 243.
[12]) Zeitschr. f. Bauw. 1889, S. 107, mit Abb.
[13]) Centralbl. d. Bauverw. 1890, S. 97, mit Abb. und „Berlin und seine Bauten".
[14]) Zeitschr. f. Bauw. 1890, S. 219, mit Abb.

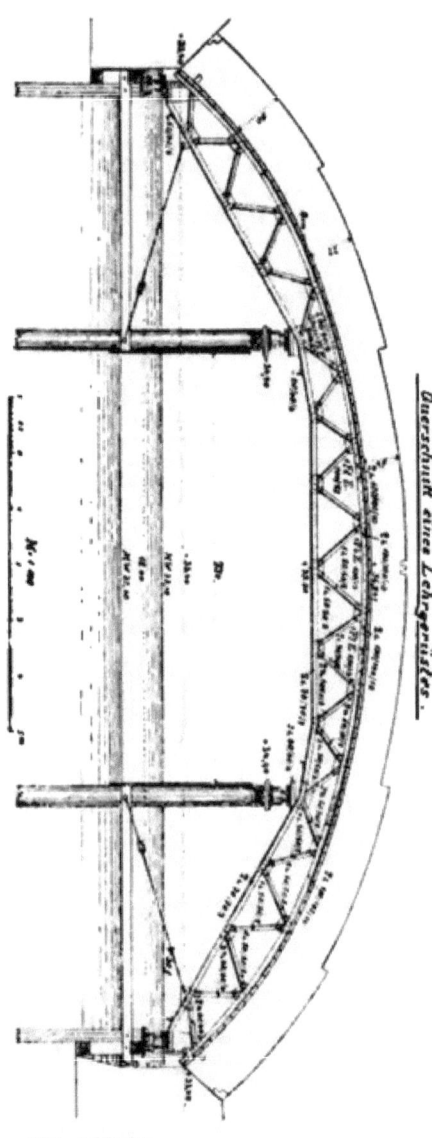

Fig. 10. Eisernes Lehrgerüst bei der Brücke über die Spree in Köpenik. Querschnitt eines Lehrgerüstes.

Die Gewölbstärken betragen bei der Straßenbrücke 0,62 m bis 0,94 m, bei der Eisenbahnbrücke 1,06 m bis 1,30 m vom Scheitel bis zu den Kämpfern; die Inanspruchnahme ist hierbei nach der Theorie des elastischen eingespannten Bogens auf 18 at berechnet worden. Die Lehrgerüste wurden nach dem Radialsystem gebaut und auf Hebeschrauben von 10 t Tragfähigkeit gestellt; die beiden verwendeten 5 cm starken Kranzbohlen sind unmittelbar nebeneinander in die Mitte der Tragpfosten eingelegt worden. An den Kämpfern blieben Schlitze offen, welche gleichzeitig mit dem Scheitel geschlossen wurden. Die Scheitelsenkungen betragen am Lehrgerüste beim Aufbringen des Wölbmaterials 25 mm, während des Wölbens weitere 8 mm und bei der Ausschalung traten noch 3 mm hinzu.

Die Gewölbte Brücke in Köpenik[17]) besteht aus 2 Gruppen mit je 3 Öffnungen von 18 m Weite und 3,40 m Pfeilhöhe; die Gewölbdicke beträgt im Scheitel 0,64 m, in den Kämpfern 0,90 m; die Gewölbe bestehen aus Klinkern, welche in Cementmörtel im Verhältnis 1 Cement zu 3 Sand vermauert wurden. Das Wölben geschah in 2 verzahnten Ringen, in allen 3 Öffnungen von den Kämpfern gleichmäßig gegen die Scheitel vorgehend, nachdem die Lehrbögen zuvor mit Ziegelsteinen belastet worden waren; in den Kämpfern und Scheiteln blieben kleine Aussparungen offen, welche zuletzt gleichzeitig geschlossen worden sind. Die Übermauerung der Gewölbe erfolgte in den Zwickeln mittels eines vollen Körpers aus Sparbeton. Die Lehrgerüste mußten mit Rücksicht auf die Schiffahrt hoch gelegt und in Eisen ausgeführt werden (Fig. 10).

Die Gebinde liegen in 1,80 m Abstand; sie sind durch Winkel- und Flacheisen unter sich verbunden; auf sie kommen 8 cm starke Bohlen zu liegen. Die Lehrbögen ruhen auf Sandtöpfen, sie sind derart gebaut, daß sie durch Lösen einzelner Nieten in 3 Teile zerlegt werden können; das Gewicht eines Binders betrug 1,340 t. Schon 36 Stunden nach dem Gewölbschluß wurden die Mittelstützen des Lehrgerüstes um 4 bis 5 cm gesenkt und nach weiteren 24 Stunden das ganze Gewölbe ausgeschalt. Die Gründung der

[17]) Zeitschr. f. Bauw. 1892, S. 353, mit Abb.

Brücke geschah auf Pfahlrost. Die Kosten des Brückenbaues haben für das qm Brückenoberfläche nur 108 und 126 M. für die beiden Gruppen betragen.

An der Lokalbahn Kempten-Pfronten ist 1894/95 eine Bruchsteinmauerwerks-Brücke über das Wertach-Thal bei Nesselwang (Bayern) gebaut worden; Fundament und der Kern der Pfeiler wurde aus Beton im Verhältnis 1 : 3 : 7 bis 6 hergestellt, die sichtbaren Flächen mit Bruchsteinen verkleidet; die Brücke hat 6 Korbbögen von 7,4 m bis 27,5 m Lichtweite, 27 m gröfste Höhe, 3,6 m obere Breite und eine S-förmige Grundform; die Schlufssteinstärke beträgt 0,8 m, die Pfeilerdicke 4 m. Die geometrische Mittellinie der Gewölbe entspricht der Vollbelastung mit 1,44 t/qm Verkehrslast; bei einseitiger Belastung beträgt der gröfste Druck in dem aus hartem Sandstein bestehenden Bruchsteingewölbe, das mit Mörtel im Verhältnis 1 Cement zu 1 Kalk zu 5 Sand gemauert wurde, 18,4 at. Die Pfeiler sind höchstens mit 12,7 at Druck beansprucht, die Felsfundamente mit 11,2 at, die Mergelfundamente mit 7 at; der Winddruck wurde mit 0,2 t/qm, die Wirkung der Centrifugalkraft der in 180 m Radius fahrenden Züge zu 4°/₀ der Verkehrslast in Rechnung genommen. Sparöffnungen von 2,8 m Weite sollen die Temperaturbewegungen dadurch erleichtern, dafs die Gewölbe des ersteren von den Hauptgewölben der Brückenbögen durch Teer- pappeneinlagen isoliert wurden, und dafs aufserdem hohe Aussparungen im Innern der Brücke über den Pfeilern verblieben.

Die Lehrgerüste ruhten teils auf Pfählen, teils auf gemauerten Pfeilern; eiserne Hebegeschirre ermöglichten das Ablassen der Lehrbögen. Das Mauern der Gewölbe geschah von 6 Angriffspunkten aus. Nach 4 Wochen wurde ausgerüstet und die Scheitelsenkung erreichte hierbei nicht mehr als 13 mm. Die Abdeckung des mit 0,80 m hoher Überschüttung versehenen Gewölbes erfolgte mit Asphaltfilzplatten auf Cementmörtelbezug. Die Kosten des Bauwerkes haben 155000 M. betragen.

Als Beispiele von Brücken mit besonders reicher Ausstattung, teils nach der Wahl des Baumateriales, teils nach ihrem architektonischen und künstlerischen Schmucke mögen folgende Bauwerke Berlins Erwähnung finden[16]):

Die Kaiser Wilhelms-Brücke, 1886/89 erbaut, 1 Mittelöffnung von 22,20 m und 0,80 m Ge- wölbedicke im Scheitel und 2 Seitenöffnungen von je 8,20 m Weite, nach Korbbögen geformt, 26 m breit, 1292300 M. Aufwand; ferner

die Herkules-Brücke, 1889/91 erbaut, 1 Stichbogenöffnung von 23,36 m Lichtweite, Pfeilhöhe ⅙, 0,85 m Scheitel- und 1,16 m Kämpferdicke, 27,20 m breit, 337000 M. Aufwand;

die Moltke-Brücke, 1888/91 erbaut, 3 Korbbögen von je 17 m Lichtweite, 3,91 m Durchfahrts- höhe, 0,90 m Scheitel- und 1,30 m Kämpferdicke, 26 m breit, 1190000 M. Aufwand;

die Friedrichs-Brücke, 1892/93 erbaut, 3 Stichbögen von je 17 m Weite und 4,75 m Durch- fahrtshöhe, 0,51 m Scheitel- und 0,90 m Kämpferdicke, 26 m breit, 612000 M. Aufwand;

die Luther-Brücke, 1891/92 er- baut, 3 Stichbogenöffnungen von 16,3 m, 17 m und 16,3 m Weite, ⅙ Pfeilhöhe, 3,53 m Durchfahrtshöhe, 0,64 m Scheitel- und 1,03 m Kämpferdicke; hierbei wur- den die Lehrgerüste in ihrem mittleren Teile aus Eisen hergestellt, 561000 M. Auf- wand;

Fig. 11. *Lehrgerüst der Luther-Brücke in Berlin.*

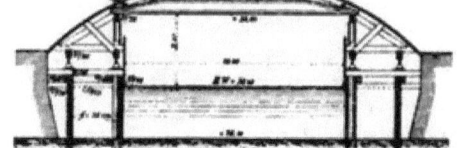

die Waisen-Brücke, 1893/94 er- baut, 3 Stichbögen von 18,5 m, 20 m und 18,5 m Weite, ⅙ Pfeil- und 4 m Durchfahrtshöhe, 20,38 m Breite, 0,51 m Scheitel- und 1,16 m Kämpfer- dicke, 468000 M. Aufwand;

die Moabiter Brücke, 1893/96 erbaut, 3 Stichbögen zu 16,30 m bis 17 m, mit 4,75 m lichter Durchfahrtshöhe, 19 m breit, 0,60 m Scheitel- und 1,16 m Kämpferdicke, 393000 M. Aufwand;

---

[16]) „Berlin und seine Bauten" 1896, und Katalog der Ausstellung der Stadt Berlin 1896.

die Von der Heydt-Brücke, 1894/95 erbaut, 1 Stichbogen 20 m weit, 3,4 m Durchfahrtshöhe, 16,1 m breit, 0,50 m Scheitel- und 0,80 m Kämpferdicke, 312000 M. Aufwand;
   endlich die

Oberbaum-Brücke, 1894/96 erbaut, mit 7 Durchflußöffnungen bis zu 22 m Weite, zusammen
   107 m Durchflußweite, 4 m Durchfahrtshöhe, 27,6 m breit, mit 7,5 m breitem Arkadengang
   zur Überführung einer elektrischen Hochbahn; 1643000 M. Aufwand.

2. Grofse Steinbrücken in Frankreich.

Das schon 1878 von Houselle vorgeschlagene Verfahren des Wölbens von Brücken[19]),
bei welchem an denjenigen Stellen, an welchen beim Ausschalen die Neigung zur Bildung
von Rissen besteht, Teile des Gewölbes offen gelassen und erst beim Schluß des Gewölbes ausgemauert werden, hat ebenso wie die Ausführung der Gewölbe von mehreren
Stellen und das gleichzeitige Schliefsen des Gewölbes an letzteren seit dem Bau der
Brücke über den Drac bei Claix 1874 und der Ausführung der Wäldlitobel-Brücke an der
Arlbergbahn 1884/85 vielfache Anwendung und in Frankreich eine sehr bemerkenswerte
weitere Ausbildung insbesondere dadurch erfahren, dafs die erwähnten Aussparungen
über den Angriffspunkten der Stützen und Streben der Lehrgerüste unter den Bogen-
hölzern angeordnet worden; der unvermeidlichen Durchbiegung der letzteren beim Aufbringen des Gewölbmauerwerkes und der hierdurch hervorgerufenen Neigung zum Entstehen von Zugspannungen und Rissen über den Stützen wird hierdurch in wirkungs-
voller Weise begegnet, ohne dafs das Wölben selbst in erheblicher Weise erschwert und
verteuert würde. Im Folgenden werden einige hervorragende Beispiele solcher Brücken
eingehend dargestellt:

Brücken von Castelet, Lavaur und Antoinette[20]), Taf. II, Fig. 21 bis 28.
Dieselben wurden 1882 bis 1884 ausgeführt. Die Brücke von Castelet hat 41,20 m Spannweite und übersetzt die Ariège bei Ax an der Linie von Tarascon nach Ax; die 61,50 m
weite Brücke von Lavaur überspannt den Agoût; die Antoinette-Brücke liegt bei Vielmur
an der Linie Montauban-Castres.

Sämtliche drei Brücken sind mit verlorenen Widerlagern angelegt worden. Die
Stirnen der Brücken haben bei Castelet 1/28, bei den beiden anderen Bauwerken 1/25
Anlauf erhalten, wodurch sich die Gewölbe vom Scheitel gegen die beiden Kämpfer
wesentlich erbreiterten.

Über den grofsen Gewölben sind sichtbare halbkreisförmige Entlastungsgewölbe,
bei der Brücke von Lavaur von 4,5 m, bei den beiden anderen Brücken von 4 m Weite
aufgebaut worden.

Die wichtigsten Abmessungen der drei Brücken sind in nachstehender Zusammenstellung ersichtlich:

	Castelet	Antoinette	Lavaur
	m	m	m
Gesamtlänge	66,4	89,2	123,5
Spannweite des Hauptbogens	41,20	50,00	61,50
Pfeilhöhe bis zur Fundamentfläche	14,00	15,90	27,50

---

[19]) Deutsche Bauz. 1878, S. 509.

[20]) M. Sejourné, Brücken von Castelet, Lavaur und Antoinette. Ann. des ponts et chaussées
1886 II, S. 409, mit Abb.

	Castelet	Antoinette	Lavaur
	m	m	m
Pfeil- und Spannweite-Verhältnis	1:2,94	1:3,14	1:2,24
Sichtbarer Wölbungshalbmesser	22,20	31,00	31,20
Gewölbdicke im Scheitel	1,25	1,50	1,65
„ in der sogenannten Bruchfuge (30°) .	2,25	2,28	2,81
„ in der Fundamentfläche	3,41 / 7,63	8,05 / 5,05	8,39
Brückenbreite zwischen den Brüstungen	5,65	4,50	4,50
„ zwischen den Stirnen im Scheitel .	6,28	4,94	4,80
Entlastungsgewölbe, Weite	4,00	4,00	4,50
„ Dicke im Scheitel	0,40	0,47	0,45
„ Dicke im Kämpfer	0,80	0,96	1,10

Die Bögen sind aus hammerrecht bearbeiteten Bruchsteinen, alles sichtbare Mauerwerk aus gespitzten Bruchsteinen, teils Granit, teils oolithischer Kalkstein, Gesimse und Brüstungen aus Granit-Hausteinen hergestellt. Die grofsen Bögen wurden in Cementmörtel (650 kg Cement auf 1 cbm Sand) ausgeführt, im übrigen kam in der Hauptsache nur Kalkmörtel (330 kg Cement auf 1 cbm Sand) zur Verwendung.

Die gröfsten Beanspruchungen im Scheitel wurden folgendermafsen berechnet:

	Castelet	Lavaur	Antoinette
	at	at	at
beim Ausschalen	10	16	10
nach der Vollendung durch Eigengewicht .	15	18	18
„ „ „ durch gröfste Einzellast	20	23	30

Unabhängig von den Lehrgerüsten hat jede der drei grofsen Brücken die Herstellung einer Arbeitsbrücke nötig gemacht, welche Laufkranen trugen; dieselben erforderten:

	Castelet	Lavaur	Antoinette
an Holz	154 cbm	212 cbm	96 cbm
„ Eisen	2,2 t	2,8 t	1,2 t
„ Aufwand ohne Transportmittel	9700 M.	4880 M.	10640 M.

Die Lehrgerüste ruhten auf Pfahljochen, die teils eingerammt, teils in gebohrten Löchern eingestellt wurden; die Lehrbögen, welche bei Castelet und Lavaur 1,50 m, bei Antoinette nur 1,40 m voneinander abstehn, sind als Sprengwerke mit ungewöhnlicher Sorgfalt gebaut worden, teils in einer, teils in zwei Etagen; am Stofs und der gegenseitigen Verbindung und Verlaschung der Hölzer sind neben sorgfältigem Zusammenarbeiten aufgeschraubte eiserne Blechlaschen von 5,7 mm Dicke zur Verwendung gelangt. Aufser einer kräftigen Verstrebung der Lehrbögen durch Windkreuze sind dieselben noch durch Drahtkabel an die Ufer verankert worden. Die Lehrgerüste ruhten auf Sandtöpfen von 30 cm Durchmesser und Höhe; sie waren gegen das Eindringen von Feuchtigkeit durch Kästen mit Gipsfüllung geschützt. In den Stöfsen der Hölzer wurden 1 mm dicke Zinkbleche eingelegt. Auf den Lehrbögen ruhten Kantbölzer von 10/14 cm, welche bei der Brücke von Lavaur im Scheitel in 21 cm, am Kämpfer in 45 cm Abstand von Mitte zu Mitte lagen und über welche eine 25 mm dicke Brettertäferung gestreckt wurde. Die Lehrgerüste haben erfordert bei:

	Castelet	Lavaur	Antoinette
an Holz	324 cbm	186 cbm	207 cbm
„ Gesamtaufwand	30400 M.	25800 M.	24000 M.

Für fächerförmig gebaute oder gesprengte Lehrgerüste, wie sie insbesondere bei Viadukten üblich sind, wird auf Grund der zahlenmäßigen und graphischen Untersuchung einer Reihe von Ausführungen der Holzbedarf angegeben durch die Formel:

$$K = 0{,}04 + 0{,}12\,A,$$

worin K in cbm den Holzbedarf für das qm der Wölbung, A die Spannweite in m bezeichnet; die Formel hat jedoch nur für Spannweiten über 4 m Giltigkeit.

Für Lehrgerüste auf Pfahlreihen dagegen soll sich der Holzbedarf für die Rüstung, die Pfahljoche eingeschlossen, erhöhen auf

$$K = 0{,}06 + 0{,}10\,A.$$

Es liegt nahe, daß derartige Aufstellungen nur mit Vorsicht und unter entsprechender Würdigung der lokalen Verhältnisse benutzt werden können.

Die Lehrgerüste der Brücke von Castelet sind um 7 cm überhöht worden, bei den anderen Brücken hat man von jeder Überhöhung abgesehen, weil es praktisch ohne alle Bedeutung schien, ob der Brückenscheitel etwas höher oder tiefer zu liegen kommt.

Die Fugendicke der Mauerung der Bögen betrug bei der Brücke von Castelet 2 cm, bei Lavaur 1,5 cm, bei Antoinette nur 1,2 cm; zur Sicherung derselben wurden in alle Fugen Leisten von Tannenholz eingelegt von 4 cm Breite und einer etwas geringeren Dicke, als für die fertige Fuge vorgesehen war; die Holzleisten sind nach dem Einbringen des Cementmörtels wieder angezogen worden.

Die Fugen des Gewölbes wurden mit dem pulverförmigen, möglichst trockenen Cementmörtel satt ausgestampft, erst mit eisernen und hernach mit eichenen Stößeln und zwar so lange, bis sich an der Oberfläche des Mörtels Wasser zu zeigen begann.

Während bis zu einer Fugenneigung von etwa 30° gegen die Horizontale Fundamente und Gewölbe in gewöhnlicher Weise schichtenförmig und annähernd winkelrecht zur inneren Leibung aufgemauert wurden, so begann von da ab das Wölben mit besonderer Vorsicht; erst wurden hier einige Schichten trocken versetzt und zwar derart, daß in der inneren Leibung Bleistreifen von 5 cm Breite und der gewünschten Fugendicke eingelegt wurden, während an der äußeren Leibung eichene Keile in die Fugen eingesteckt worden sind; alsdann begann die Mauerung und zwar erst auf eine Höhe von etwa 10 bis 12 cm. Die nach unten teilweise freiliegenden Mauerschichten wurden durch kurze Bölzungen auf den fertigen Teil des Gewölbes abgestützt; alsdann sind im Scheitel auf eine der fertigen Mauerung entsprechende Länge Gewölbsteine lose als Gegengewicht gegen ein Ansteigen des Scheitels des Lehrbogens aufgelegt worden und nun wurde von mehreren künstlichen, auf der Verschalung angebrachten und befestigten Widerlagern aus das Wölben in einzelnen Partien, gegen den Scheitel vorrückend, in Angriff genommen. Von letzterem ausgehend und gegen die Kämpfer fortschreitend wurden zuletzt die offenen Gewölbstellen sorgfältig geschlossen und mit dem Aufmauern des zweiten Ringes vom Widerlager aus begonnen; auch dieser Ring ist in einzelnen Partien, gegen den Scheitel vorschreitend, aufgemauert und der Schluß der einzelnen Abteilungen möglichst gleichzeitig mit dem Füllen der noch leeren Fugen des 1. Ringes, dem Herausnehmen der Bölzung und dem satten Ausmauern der offen gebliebenen Lücken vollzogen, sodaß zum mindesten mit Sicherheit angenommen werden konnte, es werde nach Schluß des 2. Ringes keine weitere Bewegung am Kämpfer eintreten können. Der Bogen von Castelet besteht aus 2 verzahnten Ringen, die Gewölbe von Lavaur und Antoinette dagegen bestehen aus 3 Ringen; der 3. Ring wurde zwar gleichfalls in 4 bezw. 8 Abschnitten aufgebracht, die vom Scheitel ausgehend an den Anschlussstellen nacheinander geschlossen wurden; eine Wirkung dieses Verfahrens auf etwaige Bewegungen an den Kämpfern war jedoch hierbei ausgeschlossen.

Fig. 12.

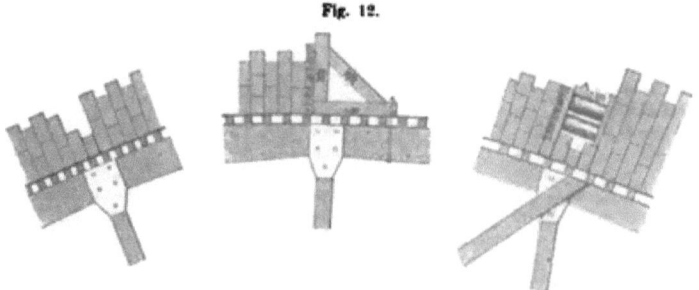

An der Brücke von Castelet zeigten sich 23° vom Scheitel entfernt Haarrisse von ¹/₄ mm Weite und 14 cm Tiefe.

Das Wölben erforderte:

		Castelet	Lavaur	Antoinette
Arbeitstage 1. Ring		25	24	22
„ 2. „		25	23	13
„ 3. „		—	35	15
zusammen		50	82	50

Das Offenlassen der Fugen und das Freilassen kurzer Gewölbstücke erfolgte fast ausnahmslos über den Stützpunkten und Streben der Lehrgerüste; es war hierbei die Erwägung maſsgebend, daſs die etwa 3 bis 5 m frei tragenden Hölzer der Lehrbögen bei dem Aufbringen der Gewölbe notwendigerweise kleine Einbiegungen erfahren müssen, welche Veranlassung zum Entstehen von Rissen oder offenen Fugen über den Festpunkten der Lehrbögen geben werden; dadurch, daſs über letzteren die Gewölbfugen erst zuletzt geschlossen oder der noch fehlende Gewölbteil eingebracht wird, ist diesem Miſsstand möglichst begegnet worden.

Das Schlieſsen der offen gebliebenen Fugen und Gewölbstücke kann bei Quader- und Bruchsteingewölben mit gleicher Sicherheit erfolgen, im letzteren Falle sind eben die Bruchsteine in regelmäſsigen Flächen zu bearbeiten; die Befürchtung, es könnten die Schluſsstellen minderwertige oder weniger widerstandsfähige Gewölbteile bilden, ist völlig ausgeschlossen, denn sie werden mit der gröſsten Sorgfalt hergestellt und sind demgemäſs die besten Teile der Gewölbe.

Das Einwölben groſser Brücken in einzelnen Ringen kann zwar vom rein theoretischen Standpunkte aus angesichts der Unbestimmtheit der Verteilung der Inanspruchnahme in den einzelnen Ringen nicht befürwortet werden, allein Thatsache ist, daſs eine groſse Zahl solcher Bauwerke in 2 bis 3 Ringen mit und ohne Verband derselben gewölbt wurde, ohne Schaden zu nehmen; die Lehrgerüste können hierbei wesentlich leichter und billiger werden, als wenn die Brücke in ganzer Dicke eingewölbt würde; die nachfolgende Übersicht zeigt eine groſse Zahl ringförmig erbauter Brücken.

1. Ringe ohne Verband.

Bauwerk	Spannweite m	Zahl der Ringe	Dicke des 1. Ringes	
			im Scheitel m	am Kämpfer m
Brücke von Cabin-John (Amerika, Virginien) . .	67,10	2	1,27	1,88
Alte Brücke von Vieille-Brande	54,20	2	1,27	1,88
Brücke Bains de Lucques (Italie, Lucca)	47,835	2	1,30	2,00
Alte Brücke von Ceret (Pyrénées)	45,00	2	1,30	2,00
Brücke de la Gimone	33,00	3	0,40	0,40

2. Ringe mit Verband.

Bauwerk	Spannweite m	Zahl der Ringe	Dicke des 1. Ringes	
			im Scheitel m	am Kämpfer m
Brücke de Lavaur (Tarn)	61,50	3	0,67	0,95
„ Annibal (Naples)	55,00	3	$^1/_8$ der Bogendicke	
„ du Diable (Italie, Salerne)	55,00	3		
„ de Claix	52,00	2	0,50	1,00
„ de Nogent	50,00	2	$^1/_8$ der Bogendicke	
„ Antoinette (Tarn)	50,00	3	0,67	1,00
„ de Ceret (Pyrénées)	45,00	2	0,70	1,65
„ St. Sauveur (Hautes Pyrénées)	42,00	3	0,70	1,65
„ du Castelet (Ariège)	41,20	2	0,50	1,00
„ de Fium'Alto (Corse)	40,00	2	1,00	1,00
„ de Berdoulet (Ariège)	40,00	2	1,00	1,00
„ de St. Pierre (Tarn)	40,00	2	0,60	1,12
„ de Marmonde	36,00	2	0,80	2,00
„ de Port St. Marie	32,00	2	0,42	0,42
„ aux Doubles	31,00	2	1,00	1,00

Die Senkungen der Lehrgerüste haben beim Schluß des 1. Ringes betragen für

Castelet	Lavaur	Antoinette
53 mm	20,7 bis 16,75 mm	13 mm,

beim Schluß der 2. und 3. Ringe haben dieselben nicht zugenommen — der sprechendste Beweis dafür, in welcher Weise die ringförmige Ausführung der Gewölbe die Lehrbögen erleichtert.

Die Gewölbe blieben, um dem Cementmörtel Zeit zu vollständigem und gleichmäßigem Erhärten zu lassen, lange auf den Lehrgerüsten, für Castelet 60, Lavaur 135, Antoinette 99 Tage.

Das Ausschalen erfolgte durch gleichmäßiges Ablassen der Sandtöpfe; man begann mit Senkungen von 0,5 mm und stieg in 20 Touren bis auf 10 mm allmählich auf; es ergaben sich sehr geringe Scheitelsenkungen, nämlich für

Castelet	Lavaur	Antoinette
2 mm	0,6 mm	0,6 mm.

Dabei war, auch mit der Lupe, keine Spur von Rissen in den Gewölben wahrnehmbar.

Die Brücken ruhen sämtlich auf Felsen und es war sonach auch keine Senkung mit Rücksicht auf das Nachgeben der Fundamente zu erwarten.

Von Interesse ist eine Vergleichung mit den bei ähnlichen grofsen Brücken beobachteten Scheitelsenkungen beim Ausschalen:

Bauwerk	Spann-weite m	Sprengung	Baumaterial	Mörtel	Zeit bis zum Aus-schalen Tage	Senkung des Scheitels mm
Brücke de Chester	60,96	1 : 4,76	Haustein	Kalk 1 : 2	0	63 – 67
„ du Diable	55,00	1 : 4,06	Backstein	Puzzolan u. Kalk	88	340
„ Annibal	55,00	1 : 3,92	do. u. Tuff	do. Kalk u. Cem.	217	329
Vieux pont de Lavaur . . .	48,73	1 : 2,5	Haustein	Fettkalk	1136	65
Brücke des Bains de Lucques	47,83	1 : 6,71	Backstein	hydraul. Kalk	12	183
„ de Turin	45,00	1 : 8	Haustein	Fettkalk	20	153
„ de Rovato	42,00	1 : 3,53	Backstein	Puzzolan	32	48
„ de Maretta . . . }	40,00	1 : 4	„	—	122	15
„ de Prarolo . . . }		—			0	80
„ d'Oloron	40,00	Halbkr.	Bruchstein ord.	Portland-Cement	56	3
„ de St. Marie (8 Bögen) .	32,00	Ellipse	„ „	hydraul. Kalk	19–44	4–28
„ de Lande	30,60	1 : 5	beh. Bruchstein	„	60	95
„ Chalonnes (17 Bögen) .	30,00	1 : 4	Bruchstein ord.	„	32–235	98–9
„ Hocmard (3 Bögen) .	30,00	1 : 3,8	„ „	Portland-Kalk	30	55–82
„ de Mauzac (7 Bögen) .	30,00	1 : 3,2	„ „	„	20	19–24
„ de Lavaur	61,50	1 : 2,24	gesp. Bruchstein	Portland-Cement	135	0,62
„ de Claix	52,00	1 : 6,46	Bruchstein ord.	„	42	1–2
„ de Antoinette . .	50,00	1 : 3,14	„ ger.	„	99	0,6
„ de Ceret	45,00	1 : 2,31	„ gesp.	„	70	2
„ de Saint-Sauveur . .	42,00	Halbkr.	„ ord.	rasch bind. Cem.	30	5
„ de Castelet . . .	41,20	1 : 2,96	„ ger.	Portland-Cement	60	2
„ de Signac	40,00	1 : 3,25	Haustein	„	68	2
Arche de Souppes	37,89	1 : 18	„	„	120	16
Brücke de Marmonde . . .	36,00	1 : 3,6	Bruchstein ord.	„	64–102	2–3,5
„ sur la Gimone . .	33,00	1 : 3,1	Backstein	„	58	2–3
„ de Remoulins . .	30,60	1 : 5	Bruchstein ord.	„	93	0
Viaduc du Point du jour . .	30,25	1 : 3,36	„ ord.	„	30	9–12

Diese Zahlen lassen keinen Zweifel darüber zu, dafs das bei dem Bau der drei grofsen Brücken von Castelet, Lavaur und Antoinette beobachtete Verfahren hervorragend gute Ergebnisse hinsichtlich der Senkung der Gewölbe beim Ausschalen ergeben hat.

Für die Berechnung der Lehrgerüste ist eine Reihe von Versuchen zur Gewinnung der erforderlichen Rechnungsgrundlagen gemacht worden.

Gewöhnlich wird der Gleitwinkel für Stein auf Stein zu 33°, beim Vorhandensein einer Mörtelzwischenlage zu 26° angenommen. Bei den vorbesprochenen drei Brücken sind Versuche mit den zur Verwendung gelangenden Steinen in grofser Zahl gemacht worden, und zwar unter Verwendung von hydraulischem Kalkmörtel und von langsam bindendem Cementmörtel.

Die Gleitwinkel betrugen:

Für devonischen Kalkstein . . . . mit Kalkmörtel 40° bis 28°

mit dem Hammer rauh behauen:

Splitteriger Kalkstein . . . . . . { „ Kalkmörtel 39° „ 25°
{ „ Cementmörtel 48° „ 25°

3*

Feinkörniger Kalkstein	{ mit Kalkmörtel	43° bis 25°
	„ Cementmörtel	41° „ 36°
Backsteine	{ „ Kalkmörtel	75° „ 35°
	„ Cementmörtel	90° „ 58°
Granit	„ Kalkmörtel	44° „ 43°

Die Gleitwinkel auf den Tannenholzbrettern der Lehrgerüste wurden erhoben für

devonischen Kalkstein	43° bis 31°
splitterigen Kalkstein	43° „ 25°
feinkörnigen Kalkstein	40° „ 37°
Backsteine	44° „ 37°
Granit	42° „ 27°

Das Holz war hierbei trocken oder naß, parallel oder winkelrecht zur Gleitungs-rüstung genagelt.

Unter der Annahme, daß sich die Gewölbsteine auf die Lehrbögen vom 22° ab stützen, daß sie auf denselben erst bei 42° Neigung zu gleiten beginnen, wurde der winkelrechte Druck auf die Flächeneinheit p für eine Gewölbdicke von c und den Krümmungshalbmesser R bei dem Einheitsgewicht des Gewölbmaterials γ, für den Winkel-abstand α vom Scheitel berechnet nach der Formel

$$p = \gamma c \left(1 + \frac{c}{2R}\right) \sqrt{\cos \frac{4}{3} \alpha}$$

oder einfacher und praktisch zureichend

$$p = \gamma c \sqrt{\cos \frac{4}{3} \alpha}.$$

Bei einer Biegungsfestigkeit des verwendeten Tannenholzes von 420 at wurde die Dimensionierung der Querschnitte der Hölzer der Lehrgerüste mit 5facher Sicherheit für zureichend erachtet, da es sich nur um vorübergehende Konstruktionen handelt; bei den Pfählen dagegen wurde der Sicherheitskoefficient 7 zu Grunde gelegt; die Berechnung der einzelnen Konstruktionsteile erfolgte alsdann nach der Elasticitätslehre.

Die für die drei Brücken gemachten Aufwendungen betragen:

	Castelet M.	Lavaur M.	Antoinette M.
Über dem natürlichen Terrain im ganzen	121600	323200	139200
mit Einschluß der Gründungsarbeiten im ganzen	165600	388000	179200
für das qm der Horizontalfläche der Bau-werke mit Gründung im ganzen . . .	397	606	380
für das m laufend	2523	3142	2006

Schließlich mögen hier noch die allgemeinen Betrachtungen Raum finden, welche auf Grund des beim Bau der drei großen Brücken von Castelet, Lavaur und Antoinette gemachten Erfahrungen über den Bau großer Brücken überhaupt von Séjourné auf-gestellt wurden.

Die großen Brücken gingen bisher, von wenigen Ausnahmen abgesehen, nur anläßlich und wegen des Verderbens der Fundamente zu Grunde; die Brücken vermögen sich häufig außerordentlich viel im Scheitel und in den Fundamenten zu senken, sie können Jahrhunderte lang ohne alle Unterhaltung verbleiben ohne einzustürzen. Die Erfahrungen an dem 37,9 m weiten Versuchsbogen von Souppes, der 85,5 m Krümmungs-

halbmesser besafs, zeigten, dafs man beim Vorhandensein gleich sicherer Fundamente
in gleicher Kühnheit definitiv zu bauen vermöchte. Sehr grofse Bögen führen keineswegs zu unzulässigen Materialpressungen; in dem schon erwähnten Versuchsbogen erreichte der gröfste Druck 46 at und er steigerte sich beim Abbruch desselben schliefslich
bis auf 455 at. Es ist auch keineswegs notwendig, für grofse Bögen eine Umschau
nach den vorzüglichsten Materialien zu halten, denn beispielsweise sind die grofsen
Bögen von Prarolo, Maretto und du Diable nur aus Backsteinen von 54 bis 89 at Druckfestigkeit gebaut worden.

Grofse Bögen vermögen Stöfse und gröfsere Belastungen besser zu ertragen
als Bögen von kleinerer Spannweite.

Die Verwendung kleiner Steine gestattet leichte Gerüste, ebenso die Herstellung
der Gewölbe in Ringen und kurzen Stücken mit offenen Schliefsungen. Risse werden
durch Verwendung guten Mörtels, teilweise offener Fugen und langes Ruhen der ge-
schlossenen Gewölbe auf den Lehrgerüsten sicher vermieden.

In ähnlicher Weise wie die besprochenen drei grofsen Brücken ist in Frankreich
im Laufe der letzten 15 Jahre eine grofse Zahl bedeutender Steinbrücken mit gutem
Erfolge zur Ausführung gelangt; es sollen hier nur einige, besonders sparsam hergestellte
Werke Erwähnung finden.

Die Strafsenbrücke Boucicaut in Verjux (Saone et Loire).[31]) Sie ist ein testamentarisches
Geschenk der Mme. Boucicaut, der Besitzerin eines „Bon marché", an ihre Vaterstadt Verjux. Die
über die Saone führende Brücke hat 5 Bögen zu 40 m Weite, 5 m Pfeilhöhe und 8 m Breite zwischen
den beiderseitigen Steinbrüstungen, von Stirne zu Stirne beträgt die Brückenbreite 8,70 m. Die Bögen
sind in ihrer Mittellinie nach einer Kettenlinie geführt, welche im Scheitel 53,90 m, an den Kämpfern
26,07 m Krümmungshalbmesser hat. Die Pfeilerdicke in Kämpferhöhe beträgt 4 m, die Mittelpfeilerlänge
beträgt daselbst 12,76 m. Die Gründung der Pfeiler geschah auf Pfählen, auf welchen ein 3 m hoher
Betonkörper zwischen Spundwänden unter Wasser aufgeschüttet wurde.

Das Bauwerk ist architektonisch mafsvoll in rauh bearbeiteten Steinen von Villebois und in langsam
bindendem Portland-Cement-Mörtel (600 kg Cement auf 1 cbm Sand) hergestellt worden.

Jeder Bogen wurde in 6 Abschnitten gemauert; die vorerst leer belassenen Zwischenräume zwischen
denselben entsprechen den Kämpfern, den Lehrbogenstützen und dem Gewölbscheitel; beim Ausschalen
erreichten die Scheitelsenkungen nur 11 bis 44 mm; sie nahmen bis zu gänzlicher Vollendung der Brücke
auf 31 bis 45 mm zu. Der Aufwand für die kühn angelegte Brücke betrug 388800 M. oder 187 M. auf
das qm Brückenoberfläche.

Die grofse Strafsenbrücke über die Saone bei Charrey[32]) bildet einen Teil der Strafse
von Charrey nach Verdun sur le Doubs; sie hat 5 Bögen von 30,50 m Weite, 3,75 m Pfeilhöhe und eine
Breite von 5,80 m zwischen den Geländern.

Die nur 3 m dicken Zwischenpfeiler sind mit Druckluft 8,5 m unter Wasser gegründet, die Endpfeiler dagegen auf grofse Betonkörper aufgesetzt worden.

Die Bögen haben Stichbogenform und sind im Scheitel 1,50 m dick; bei der Berechnung nach
Mery sind hierbei Pressungen im Scheitel von 12,1 at, im Kämpfer von 11,8 at und im Fundamente der
Endwiderlager im Mittel von nur 1 at, unter den Zwischenpfeilern von 4 at gefunden worden.

Die Bögen wurden in 2 Ringen gewölbt, wobei in den Kämpfern, im Scheitel und über den Streben
und Pfosten des Lehrgerüstes bis zum Schlusse offene Schlitze verblieben; die Gewölbe sind in den Stirnen
aus Quadern, im übrigen aus rauhen Bruchsteinen in Wassermörtel hergestellt worden, nur die Schlufs-
stellen wurden mit mäfsig feuchtem Portland-Cement-Mörtel fest ausgestofsen. Die Ausführung der Brücke
geschah mit grofser Sparsamkeit, ohne Arbeitsbrücke; der Aufwand für das 164 m lange, gelungene Bauwerk hat nur 302000 M. oder 2·8 M. für das qm horizontaler Brückenfläche erreicht.

---

[31]) Génie civil 1891, S. 5, mit Abbildungen, und Ann. des ponts et chaussées 1892 II, S. 465,
mit Abbildungen.

[32]) Ann. des ponts et chaussées 1893 II, S. 737, mit Abb.

3. Grofse österreichische Steinbrücken.

Hervorragendes Interesse bieten die grofsen Pruth-Brücken der K. K. Österreichischen Staatsbahn Stanislau-Woronienka[12]), welche in den Jahren 1893/94 zur Ausführung gelangten.

Das von der Bahn im Pruth-Thale durchfahrene Gebirge besteht aus einem unverwüstlichen Sandstein von mächtiger Schichtung, weite Halden sind mit prächtigen Steinblöcken bedeckt; der Fels steht im Flufslaufe beinahe überall zu Tage. Baumaterial und Gründungsverhältnisse waren sonach in gleicher Weise günstig für den Steinbau bei dem viermaligen Überschreiten des Pruth mit der Bahn. Die Brücken sind nur 4,5 m breit, haben etwa ¼ der Spannweite zur Pfeilhöhe und sind eingleisig.

Die 65 m weite Jaremcza-Brücke übertrifft die 61,5 m weite Brücke von Lavaur und den Viadukt von Gour-Noir mit 60 m Spannweite, steht jedoch hinter dem 67,1 m weiten Cabin-John-Aquadukt etwas zurück; die noch gröfsere Brücke über die Adda bei Trezzo mit 72,25 m Spannweite wurde im Jahre 1416 im Kriege zerstört.

Die Berechnung der Gewölbe erfolgte nach der Theorie des elastischen Bogens, die hierbei zugelassenen Beanspruchungen des Gewölbmateriales wurden etwas niederer gewählt als die bei bestehenden ähnlichen Gewölben. Die gröfste Druckbeanspruchung des Wölbmateriales wird für die 65 m weite Jaremcza-Brücke zu 27,5 at angegeben, während dieselbe bei dem 60 m weiten Gewölbe von Gour-Noir 30,4 at betrage; Zugspannungen treten in beiden Fällen nicht auf; die Druckfestigkeit der zur Verfügung stehenden Steine betrug 480 bis 1180 at. Die Ausführung erfolgte in Mörtel aus Portland-Cement und Sand, im Verhältnis 1 : 3½ gemischt; Gewölbe über 40 m Spannweite sind in Quadermauerwerk, Brücken von 15 bis 40 m in rauhem Schichtenmauerwerk und kleinere Bögen in gewöhnlichem Bruchsteinmauerwerk ausgeführt worden; die Steine des rauhen Schichtenmauerwerkes sollten hierbei auf ⅔ ihrer Lagerflächen rauh nach dem Fugenschnitt bearbeitet werden und mufsten in einer Schichte die gleiche Höhe haben; beim Quadermauerwerk durfte nur ⅕ der Lagerfläche fehlen; die Quader wurden rauh gespitzt.

Die grofsen Gewölbe der Jaremcza- und der Jamna-Brücke sind behufs der Erleichterung der Lehrgerüste in Ringen ausgeführt worden; die Gewölbquader der ersteren Brücke haben hierbei abwechselnd 1 m und 1,25 m radiale Länge erhalten, um zwischen den Ringen eine Verbindung herzustellen. Die Gewölbquader wurden trocken auf 12 mm dicke Holzleisten versetzt, der schwach feuchte Mörtel ist mit Flachschienen in die Fugen erst eingestampft worden, nachdem alle Steine eines Ringes versetzt waren, wie dies bei den deutschen (württembergischen) Ausführungen üblich ist.

Bei der Jaremcza-Brücke begann das Einwölben des 1. Ringes von 8, bei der Jamna-Brücke von 6 Stellen aus. Die Fugendicke betrug nicht unter 18 mm. Unmittelbar nach der Vollendung des 1. Ringes wurde die Mauerung des nächsten Ringes und zwar mindestens in 4 über das Gewölbe gleichmäfsig verteilten Partien in Angriff genommen; die Mauerung ist hierbei nicht mit offenen Fugen, sondern in gewöhnlicher Weise vollzogen und an mindestens 3 Stellen gleichzeitig zum Schlufs gebracht worden.

Für die 65 m weite Pruth-Brücke bei Jaremcza und die 48 m weite Pruth-Brücke bei Jamna sind die Widerlager im Dezember 1893 bis zur Kämpferhöhe geführt worden; im März 1894 begann das Einwölben mit Verwendung von 4 Kranen in 2 Ringen.

---

[12] Zeitschr. d. österr. Ing.- u. Arch.-Ver. 1893, S. 545 und 1894, S. 533, mit Abb.

Die Setzung der Lehrgerüste vollzog sich gleichmäfsig und erreichte bei der Jaremcza-Brücke 98 mm, bei der Jamna-Brücke 90 mm beim Schlufs des 1. Ringes.

Nach 12 Tagen war das Trockenversetzen der Quader des 1. Ringes zu Ende und in den folgenden 6 Tagen bis 26. April 1894 wurden die Fugen ausgestampft. Das Versetzen des 2. und 3. Ringes schlofs sich unmittelbar an; die Scheitelsenkung der Brücken vermehrte sich hierbei um 115 bezw. 105 mm; Ende Juli 1894 waren auch die Pfeiler und Sparbögen über den Hauptbögen aufgemauert und Mitte August, sonach 3 Monate nach dem Schlufs des 1. Ringes, erfolgte die Ausschalung der grofsen Gewölbe. Mitteilungen über die Gröfse der Senkungen fehlen zur Zeit noch.

	Pruth-Brücke bei Jaremcza	Pruth-Brücke bei Jamna	I. Pruth-Brücke bei Worochta	II. Pruth-Brücke bei Worochta
Spannweite	65 m	48 m	40 m	34,6 m
Gewölbstärke im Scheitel	2,1 „	1,7 „	1,4 „	1,3 „
„ „ Kämpfer	3,1 „	2,6 „	2,2 „	2 „
Ungünstigste Inanspruchnahme, Druck in at	27,5	25,1	21,4	17,6
„ „ Zug „ „				
Gesamtkosten	152500 M.	84900 M.	65800 M.	73900 M.
Kosten für das qm überspannter Grundfläche[14])	522 „	392 „	373 „	473 „
„ „ „ Ansichtsfläche[15])	74 „	77 „	85 „	82 „

4. Viadukte.

Der Viadukt du Gour-Noir im Zuge der Eisenbahn von Limoges nach Brive[16]) gehört zu den gewaltigsten Steinbauten; in einem einzigen Bogen von 64,94 m Spannweite überspannt er den Vézère-Flufs. Die Pfeilhöhe beträgt 16,10 m, der Halbmesser der inneren Leibung 36 m. Die Brücke ist für 2 Gleise 8 m breit angelegt, die Scheitelstärke beträgt 1,70 m, die Kämpferdicke 4,20 m; 6 je 4,3 m weite sichtbare Entlastungsgewölbe erleichtern das Brückengewölbe. Der Baugrund besteht aus festem Granit.

Die Mauerung der Widerlager erfolgte in der gewöhnlich üblichen Weise mit Granitsteinen in Kalkmörtel, die Hauptgewölbe sind aus roh gearbeiteten Granitsteinen in Cementmörtel in 3 Ringen hergestellt worden, die 15 cm verzahnt wurden; jeder Bogen ist in 8 Abschnitten nahezu gleichzeitig gemauert worden. In den dazwischen befindlichen Partien wurden die Wölbsteine mit 15 mm weiten Fugen trocken versetzt, Bleistreifen in den unteren Teil der Fugen eingelegt und in den oberen Teil derselben Holzkeile eingetrieben; aufserdem sind die Mauerungsanfänge abgebölzt worden. Der Schlufs der offenen Schlitze erfolgte erst vom Scheitel gegen die Bogenviertel und hernach von den Kämpfern aus aufsteigend. Der 2. und 3. Ring wurden je an 5 Stellen geschlossen.

Um eine, allerdings unwahrscheinliche, Trennung der Ringe beim Erhärten des Mörtels zu verhüten, ist die äufsere Leibung des fertigen Gewölbes mit 175 cbm Bruchsteinen, etwa 30 cm hoch, belastet worden.

Das Lehrgerüst bestand aus 7 Lehrbögen in Abständen von 1,56 m, jeder Binder aus einem 4,4 m hohen amerikanischen Netzträger und darüber aus radial gestellten

[14]) Lichte Spannweite multipliziert mit der oberen Brückenbreite.
[15]) Brückenquerprofil in der Ansichtsfläche von einer zur anderen Rückseite der Endpfeiler.
[16]) Ann. des ponts et chaussées 1892 I. S. 545.

Hölzern, welche untereinander durch Doppelzangen verbunden waren; die Gerüstpfähle mußten in Löcher gestellt werden, welche in den Felsen eingebohrt worden waren. Die Gerüste wurden vor dem Beginn des Wölbens mit Wölbsteinen und Steinschlag belastet.

Das Ausschalen geschah 52 Tage nach dem letzten Gewölbschluß; das Ablassen der Lehrgerüste, die auf Sandtöpfen ruhten, erfolgte in 24 Touren, mit 0,5 mm Senkung beginnend und aufsteigend auf ein gesamtes Senken der Stempel der Sandtöpfe um 50 mm in 4½ Stunden. Die Scheitelsenkung betrug hierbei nur 1,3 mm. Die größten Bewegungen des Scheitels infolge der Temperaturschwankungen sind mit 12 mm beobachtet worden, während die Rechnung unter Annahme eines Temperaturdehnungs-Koefficienten für Cementmörtel von 0,000014 und für Granit von 0,000008 für 1° C. bei 20° Temperaturunterschied eine Scheitelbewegung von 11,5 mm erwarten ließ. Im Winter treten in dem über dem Kämpfer angeordneten Entlastungsgewölbe und zwar im Scheitel desselben infolge der Temperaturabnahme Risse bis zu 2,5 mm Weite auf.

Der Gesamtaufwand für den Viadukt hat 268000 M. oder 2450 M. für das lfd. m oder 307 M. für das qm der Brückenfahrbahnfläche betragen.

Viadukt von Crueize, an der Eisenbahn von Marvéjols nach Neussargues.[1]) Der von Leon Boyer erbaute Viadukt trägt mit 6 Halbkreisbögen von je 25 m Weite in einer Gesamtlänge von 218,80 m bei 8 m Kronenbreite ein Doppelgleis, welches an der höchsten Stelle 63,30 m über der Thalsohle liegt. Die Gewölbdicke beträgt im Scheitel 1,30 m, in den Kämpfern 2,60 m; zwischen den Stirnmauern des Viaduktes sind 3 Entlastungsgewölbe von je 1,20 m Weite angebracht. Die Pfeiler haben einen allseitig von 5 zu 5 m zunehmenden Anlauf erhalten; der Schmalseite der Pfeiler sind 2 m breite Strebepfeiler vorgelegt worden. Die Gründung erfolgte auf Felsen bis zu 10 m Tiefe.

Die größte Druckbeanspruchung des Baumaterials wächst von 7,20 at in den Kämpfern auf 8,97 at in einer Tiefe von 45 m unter denselben.

Die Stirnbögen und die Pfeilerecken sind in gespitzten Bruchsteinen ausgeführt, Hausteine nur bei der oberen Bekrönung des Bauwerkes verwendet worden; im übrigen sind nur hammerrecht bearbeitete Bruchsteine zur Verwendung gelangt. Zu den Gewölben wurde Cementmörtel, zu allem anderen Mauerwerk Wassermörtel verwendet.

Die Lehrbogen ruhten auf 2 Lagen von Eisenschienen, die 4 m übereinander in das Pfeilermauerwerk eingelassen waren; zu den Lehrgerüsten wurden 156 cbm Holz und 5 t Eisen verbraucht. Die Senkung der Lehrgerüste hat während des Wölbens 35 mm, nach dem Ausschalen der Gewölbe noch 9 mm betragen.

Der Gesamtaufwand für das Bauwerk betrug 1031800 M. oder 4716 M. für das m Viadukt, 132 M. für das qm vertikaler Ansichtsfläche desselben.

Der Viadukt von Mussy[2]) (Saone et Loire) an der Linie Paray le Monial nach Lozanne wurde von der Compagnie des chemins de fer Paris-Lyon-Méditerranée 1892 zur Überbrückung des Thales von Mussy erbaut. Das Bauwerk ist 361 m lang, an der höchsten Stelle 60 m hoch. Der Viadukt hat 18 Halbkreisbogen von je 25 m Weite; die Zwischenpfeiler sind in Kämpferhöhe 5 m, soweit sie zugleich Gruppenpfeiler sind, 7 m dick bei 10,6 m Länge; sie haben auf den Stirnseiten ⅙, auf den Langseiten ⅟₄₀ Anlauf erhalten; die Breite des Viaduktes zwischen den Stirnen beträgt 8,10 m. Sämtliche Pfeiler sind 8 bis 13 m tief in schachtförmig gezimmertem Abbau auf Granitfelsen gegründet worden. Der größte Fundamentdruck erreicht 10 at.

Bei den Gründungsarbeiten erfolgte die Materialbeförderung in den Baugruben in einfachster Weise durch voll nieder und leer hoch gehende Fördergefäße; beim Bau der Pfeilerschächte wurden dagegen die Materialien bis zu 12,5 m mittels Dampfkranen gehoben; zu den höher liegenden Bauteilen erfolgte die Materialzufuhr mittels 5 eiserner Fahrstege, die auf den Pfeilern aufruhten und dem Aufgehen des Pfeilermauerwerkes entsprechend mit Schrauben gehoben wurden; ein Aufzug hob die Baumaterialien auf die Fahrstege. Mittels einer schiefen Ebene wurden die Gewölbmaterialien auf ein Gerüst gefördert, das 2 Bahnen trug und über die Lehrbögen hinwegführte.

---

[1]) Génie civil 1891, S. 145, mit Abb.
[2]) Génie civil 1894, S. 241, mit Abb.

Die 6 Lehrbögen jeder Gewölböffnung waren Sprengwerke, welche auf Tragsteinen aufruhten. Um die Aufstellung der Lehrbögen zu erleichtern, sind vom 5. bis zum 15. Pfeiler in der Höhe der Kämpferlinie in 1,65 m Abstand Drahtkabel aufgehängt worden, welche in das fertige Mauerwerk der Pfeiler verankert wurden; diese Kabel trugen ein fliegendes Arbeitsgerüst. Das Bauwerk besteht in der Hauptsache aus Granit-Bruchsteinmauerwerk; es wurde 1892/94 gebaut und hat 2.4 Millionen Mark gekostet.

Der Viadukt von Saint Satur[*]) bildet einen Teil der strategischen Eisenbahn von Bourges nach Cosne; er liegt 7 km von Bourges und überschreitet das Thal von Rut bei Saint Satur in einem Bogen von 500 m Halbmesser. Die ganze Länge beträgt 428 m, die Höhe über der Thalsohle 27,8 m, die Breite zwischen den Brüstungen 8 m. 26 Halbkreisbögen von je 13 m Weite ruhen auf Pfeilern, die trapezförmige Grundfläche und in Kämpferhöhe 2,80 m bis 3,09 m Dicke haben; sie sind 4 m bis 12 m tief zwischen auf festen Felsen gegründet worden. Die Gewölbstärke beträgt im Scheitel 0,8 m.

Die Aufführung der Pfeiler geschah teils mit Zuhilfenahme hoher Laufkranen, teils von festen Etagengerüsten aus mit Hebewerken und Laufkranen. In Kämpferhöhe ist zur Aufstellung der Lehrgerüste ein aus Eisenschienen bestehender Arbeitsboden hergestellt worden; die Eisenschienen ruhten in Pfeileröffnungen, durch welche sie geschoben werden konnten. Die 7 Lehrbögen von Tannen- und Eichenholz standen auf eisernen Längsschienen. In Kämpferhöhe befand sich auf einer Seite des Viaduktes ein leichter Fahrsteg, welcher ermöglicht, die Lehrbögen in einzelnen Teilen zu den folgenden Bogenöffnungen zu verbringen, sobald eine Bogenöffnung ausgeschalt war, was geschah, nachdem der Bogen 8 Tage geruht hatte; die Scheitelsenkung soll hierbei 4 mm nicht überschritten haben.

Die Aufmauerung der Brückenstirnen und der Entlastungsgewölbe erfolgte unter Benutzung eines in der Brückenaxe auf den Gewölben ruhenden Transportsteges. Die Ausführung des ganzen Bauwerkes erfolgte in der Hauptsache in Bruchsteinmauerwerk mit Hausteinverkleidung.

III. Brücken mit Gelenkeinlagen.

1. Zweck der Gelenke.

Das Entstehen von Rissen in Brückengewölben beim Ausschalen, mitunter schon bei der Herstellung und nicht selten nach Vollendung derselben hat den Brückenbau-Ingenieuren seit langer Zeit Veranlassung gegeben, sich nach Mitteln zur wirksamen Begegnung dieser Erscheinungen umzusehen. Das Verfahren des Offenlassens aller Fugen, oder nur einzelner Schlitze im Gewölbe und des raschen und möglichst gleichzeitigen Schließens derselben hat zwar bei einer Reihe hervorragender und bedeutender Gewölbbrücken-Ausführungen praktisch vollkommen befriedigende Ergebnisse geliefert, allein dasselbe führt nur bei vollkommen sicherem Baugrund, bei völliger Unveränderlichkeit der Widerlager und der Lehrgerüste während des Wölbens, bei sorgfältigster Ausführung der Gewölbherstellung und der Ausschalung desselben zu dem gewünschten Erfolge; auf Grund der von dem Österreichischen Ingenieur- und Architekten-Vereine an großen Gewölben gemachten Bruch- und Elasticitätsversuchen ist nicht daran zu zweifeln, daß ein solchergestalt zu stande gebrachtes Gewölbe mit Zuhilfenahme der Elasticitätstheorie als ein homogener elastischer Körper berechnet und daß die in demselben auftretenden Kräfte mit einer für die praktische Ausführung zureichenden Sicherheit berechnet werden können; allein nicht selten kann den oben aufgestellten Forderungen nicht oder nicht in unbedingt zuverlässiger Weise entsprochen werden; wie schwierig

---

[*]) Génie civil 1894, S. 337, mit Abb.

es insbesondere ist, eine sorgfältige und namentlich durchaus gleichartige Herstellung grofser Gewölbe zu erzielen, ist eine bekannte Thatsache.

Schon seit langer Zeit wurden deshalb von Dupuis andere Vorschläge gemacht, welche bewirken sollten, dafs die Resultante der inneren Kräfte in den Bruchfugen sich möglichst wenig von der Mitte derselben entferne; die Abschrägung dieser Fugen, die geradlinige oder bogenförmige Erweiterung derselben nach aufsen ohne und mit gleichzeitiger Anbringung von Metalldollen zur Verhütung der Verschiebung der Gelenksteine, die Verstärkung dieser Fugen durch bleibende Metalleinlagen von einer Drehbewegung zulassenden Form, die Einlegung bleibender cylindrischer Eisengelenke, das Einfügen provisorischer Eisengelenke, welche nach dem Ausschalen des Gewölbes wieder beseitigt werden sollten, wurden als Mittel zur Verhütung von Rissen und zur Festlegung der Druckkurven bezeichnet; es hat jedoch Köpke-Dresden zuerst versucht, die Frage der Einführung von Gelenken in Steingewölbe praktisch zu lösen.

----

2. Gelenkbrücken von Köpke-Dresden.

Infolge der bei der Ausführung von Quadergewölben wiederholt gemachten ungünstigen Erfahrungen begann Köpke schon 1880 bei den Königl. sächsischen Staatseisenbahnen, Brückengewölbe mit Gelenken zu versehen[*]) und zwar an der Berggiefshübler Bahn zunächst Langenhemmersdorf.

Fig. 13.   Fig. 14.

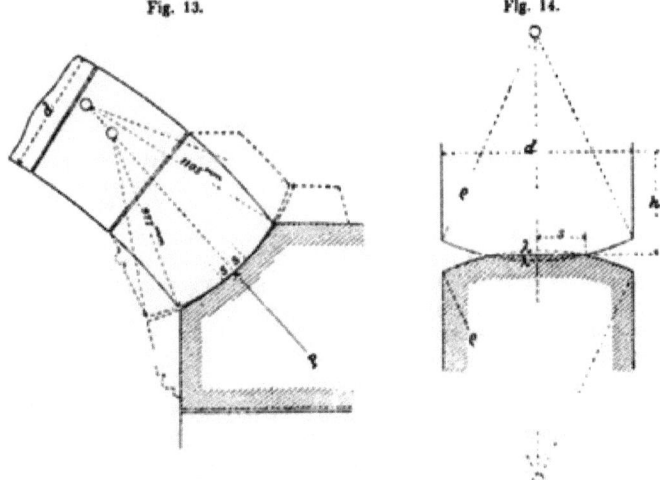

Die Brücke hat 3 Öffnungen von je 13 m Weite, 3 m Pfeilhöhe; die Gewölbstärke beträgt 0,50 m im Scheitel und 0,60 m im Kämpfer; die Kämpfersteine wurden hohl mit 40 mm Pfeil, die Gewölbanfänger dagegen voll mit 45 mm Pfeil gewölbt bearbeitet,

----

[*]) Zeitschr. d. Arch.- u. Ing.-Ver. zu Hannover 1888, S. 374, mit Abb.

der Unterschied der Pfeilhöhen beträgt hiernach 5 mm; unter nicht ganz sicheren Annahmen über die Druckverteilung in der gekrümmten Fuge gelangt Köpke zu dem Schlusse, dafs sich die gekrümmten Flächen auf eine Länge von 25 bis 14,4 cm berühren und pressen bei einem gröfsten centralen Druck in der Berührungsfläche von 12,87 at. Es wird hierbei vorausgesetzt, dafs sich die in der Berührungsfuge eintretende gröfste Zusammendrückung auf die Höhe h des Kämpfersteines erstrecke und dafs die Pressungsfläche eine ebene Fläche werde. Die Zusammendrückung λ wird so gefunden:

$$\lambda = \sqrt[3]{\frac{9 \cdot P^2 h^2}{32 \cdot \rho \cdot E^2}},$$

die gröfste Inanspruchnahme in der Berührungsfläche ergiebt sich hieraus $\frac{\lambda}{h} \cdot E$ und die Breite der Berührungsfläche $s = \sqrt{2\rho \cdot \lambda}$; hierin bedeutet P den Druck in der Kämpferfuge, E den Elasticitätsmodul, für Sandstein $= 45000$ at.

Der Erfolg der Bauweise war befriedigend, denn bei den unter Eisenbahngleisen in Sachsen ausgeführten Gelenkbrücken, unter welchen sich auch solche mit nur zwei Gelenken befinden, haben sich dieselben als vorteilhaft erwiesen.

Auch bei Betonbrücken sind die Köpke'schen Gelenke neuerdings verwendet worden.

---

3. Gelenkbrücken von Leibbrand-Stuttgart.

Leibbrand-Stuttgart hat die Lösung der Aufgabe, den Bogen gelenkartig beweglich zu machen, in anderer Weise versucht, indem er seit 1885 sowohl bei Stein- als bei Betonbrücken in die Scheitel- und Kämpfer-, bezw. Bruchfugen gelenkartige Einlagen oder vollständige Gelenke einlegte.

Zu den gelenkartigen Einlagen wurden Bleiplatten verwendet, welche bei der ersten derartigen 1885 ausgeführten Brücke das innere Drittel der Fugenbreite einnahmen; nach den bei den ersten Brücken über das Verhalten des Bleies gemachten Erfahrungen wurde jedoch bei den folgenden Ausführungen die verhältnismäfsige Breite der in die Gewölb- und Kämpferfugen eingelegten Bleistreifen soweit vermindert, als dies mit Rücksicht auf die Druckfestigkeit des Bleies und des verwendeten Wölbmateriales noch zulässig erschien; die gelenkartige Wirkung der Einlagen ist hierdurch erhöht und die Unbestimmtheit über die Lage der Drucklinie auf eine sehr schmale Zone eingeschränkt worden; die Gewölbe wurden durch das Einlegen von 3 Gelenken zu einer statisch bestimmten Konstruktion.

Als Material zu den gelenkartigen Einlagen ist Blei gewählt worden, weil dasselbe die Eigenschaft hat, unter hohem Druck seitlich auszuweichen, ohne dadurch seinen Zusammenhang zu verlieren, wobei die Erbreiterung der Druckfläche sofort eine Verminderung der Flächenpressung herbeiführt.

Im Frühjahre 1885 stellte die Material-Prüfungsanstalt der Technischen Hochschule in Stuttgart Versuche über die zulässige Druckbelastung des Bleies an[*]; dieselben ergaben, dafs gewöhnliches Gufsblei in Form von Würfeln von 8 cm Seitenlänge und 11,3 specifischem Gewicht einen Druck von 50 at während der Dauer von 26 Stunden ertrugen, ohne eine Neigung zum Ausweichen zu zeigen, dagegen begann das Blei bei 72 at Druck langsam auszuweichen.

---

[*] Zeitschr. d. Ver. deutscher Ing. 1885, S. 620.

Die nachstehende Fig. 15 läfst den Gang der Versuche erkennen, als die Belastung des Probewürfels von 10 zu 10 Minuten verstärkt wurde; die Zusammendrückung und das seitliche Ausweichen des Bleies nahmen hierbei so rasch zu, dafs der Druck auf den nach dem Ausfliefsen vorhandenen Flächenquerschnitt nur unerheblich anwuchs, obgleich der Gesamtdruck auf das Blei von 300 auf 900 at, bezogen auf den ursprünglichen Würfelquerschnitt, zugenommen hatte.

Fig. 15.

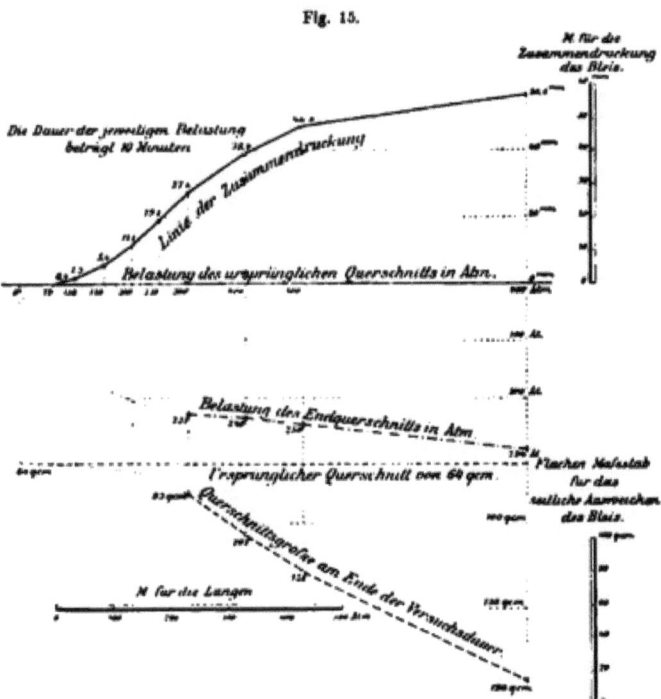

Später von Bach-Stuttgart vorgenommene Versuche ergaben für Cylinder aus Gufsblei[20]):

No.	Höhe	Durch-messer	Querschnitt	Specifisches Gewicht	Belastung in at, bei welcher das Blei	
	cm	cm	qcm		noch nicht ausweicht	seitlich ausfliefst
1	7,05	3,525	9,76	11,37	46	51
2	3,47	3,53	9,79	11,36	59	69
3	1,01	3,48	9,51	11,35	105	126

---

[20]) Bach, Elasticität und Festigkeit, S. 44.

Es steigt hiernach die Fliefsgrenze ganz erheblich, wenn die Höhe des Cylinders abnimmt. Scheiben von Gufs- und Weichwalzblei von 16 cm Durchmesser und 1,5 cm Dicke verhalten sich wesentlich anders als die Würfel, sie ertrugen 100 at und begannen erst bei 150 at auszuweichen.

Schon ein geringer, etwa 5%iger Zusatz von Antimon macht das Blei sehr erheblich standfester, ohne dessen Neigung, unter hohem Druck seitlich zu fliefsen, wesentlich zu beeinträchtigen; Platten von 7 cm Seitenlänge und etwa 2,5 cm Dicke standen dauernd bei 400 at fest und begannen erst bei 500 at zu fliefsen. Man hat es hiernach in der Hand, durch Zusatz von Antimon die Standfestigkeit der Bleieinlagen nach Bedarf und so zu erhöhen, wie es die Gröfse des zu übertragenden Gewölbdruckes und die Druckfestigkeit des Wölbmateriales erfordert und zuläfst.

Auf Grund der vorliegenden Versuchsergebnisse und der bei der Ausführung der ersten Brücken mit gelenkartigen Einlagen gemachten Beobachtungen über das Verhalten der Bleieinlagen ist für plattenförmiges Weichwalzblei eine Druckinanspruchnahme von 120 at für zulässig zu erachten.

Bezüglich der Dauerhaftigkeit des Bleies und der Zulässigkeit der Verwendung desselben in einem nahezu unvergänglichen Steinbau können Bedenken nicht wohl Platz greifen, denn die Verwendung des Bleies zu ähnlichen Zwecken ist schon vor alters her in Übung gewesen. Schon die Römer haben sich beim Versetzen besonders schwerer Steine dünner Bleistreifen bedient; in den mittelalterlichen Domen sind die Fugen grofser Bögen nicht selten mit Blei vergossen worden; beim Bau der 60,9 m weiten Brücke über den Dee bei Chester wurden 20 bis 25 cm breite Bleistreifen auf ⅔ der Bogenlänge, vom Kämpfer an beginnend, bis zu der Stelle in die Fugen entlang der inneren Leibung eingelegt, wo sich die Druckkurve der äufseren Leibung zuwenden sollte; an der 45 m weiten, besonders kühnen Dora-Brücke in Turin hat man gleichfalls in der inneren Leibung den gewünschten Fugenabstand durch Einlegen schmaler Bleistreifen gesichert; an der Nydeck-Brücke bei Bern sind Bleitafeln in die Bruchfugen auf deren ganze Ausdehnung eingelegt worden. Auch die Untersuchungen von Dr. Knorre*) haben ergeben, dafs der Widerstand des Bleies gegen Luft, Wasser- und ätzkalkfreien Mörtel ein völlig genügender ist.

Es ist nabeliegend, dafs dem Walzblei vor dem Gufsblei der Vorzug gegeben wurde, weil das Eingiefsen des Bleies in die Fugen sowohl das Steinmaterial durch einseitiges Erhitzen schädigen könnte, weil Gufsblei viel weniger dicht und gleichartig ist als Walzblei und weil die praktische Handhabung der Weichwalzbleistreifen weit bequemer ist, als das Ausgiefsen der Fugenmitten.

Bedenklich könnte es erscheinen, die Gewölbsteine unter den Bleiplatten mit bis zu 120 at Druck beanspruchen zu wollen; würde diese Pressung auf die ganze Breite der Fuge wirken, so wäre eine solche Bauweise bei den in Württemberg zur Verwendung gelangenden Sandsteinen von 500 bis 1000 at, meist 650 at Druckfestigkeit, etwas gewagt. Anders liegt die Sache, wenn beachtet wird, dafs der genannte gröfste Druck von 120 at nur auf einem verhältnismäfsig kleinen Teil der Fugenbreite zur Wirkung kommt. Die oben S. 10 u. f. angeführten Versuchsergebnisse von Bauschinger, Durand-Claye, Bach u. a. haben ergeben, dafs die Bruchfestigkeit sich bedeutend erhöht, wenn die gedrückte Fläche nur ein kleiner Teil des Querschnittes des gedrückten Körpers ist; wenn das Verhältnis beispielsweise 1 : 6 erreicht, wie dies bei den meisten Ausführungen

---

*) Centralbl. d. Bauverw. 1887, S. 225.

von Gelenkbrücken etwa zutrifft, so erhöht sich die Bruchfestigkeit eines Steinwürfels
von 653 at auf 1193 at, also nahezu das Doppelte in der Druckfläche selbst.

Auch bei manchen Brücken mit eisernem Oberbau werden die Auflagerquader
in einer das gewöhnlich übliche Maß überschreitenden Weise in Anspruch genommen,
z. B. die Auflagersteine der Koblenzer Rheinbrücke mit 63 at, diejenigen der Kölner
Rheinbrücke mit 54 at[1]); außerdem wäre es unschwer und ohne unverhältnismäßigen
Aufwand möglich, die Bleiplatten zwischen Steine von besonders hoher Druckfestigkeit
zu legen; bei den in Württemberg vorkommenden Sand- und Kalksteinen, selbst bei
Betonsteinen hat sich dies als nicht notwendig erwiesen.

Die Einlage der Bleiplatten erfolgte bei den bis jetzt zur Ausführung gelangten
flachen Bogenbrücken im Scheitel und in beiden Kämpfern; es wäre wohl auch möglich
gewesen, auf das Gelenk im Scheitel zu verzichten und die Bögen nur auf 2 Kämpfergelenke zu stellen, allein die statische Bestimmtheit des Systemes wäre hierdurch wieder
verloren gegangen und der Bogen hätte als statisch unbestimmter, gleichmäßig elastischer
Körper berechnet werden müssen, was durch die Gelenkanlagen überhaupt umgangen werden
will; außerdem müßte bei einer solchen Anlage die Scheitelstärke größer werden, als
sie bei Anwendung eines Scheitelgelenkes werden kann; dies kann im allgemeinen nicht
vorteilhaft für die Gesamtanlage, insbesondere für die Anlage der Pfeiler sein. Indessen
kann es sich bei Bogen von mäßiger Weite bei hohen Pfeilern empfehlen, das Scheitel-
gelenk wegzulassen.

Bei flachen Bögen mit etwa ⅛ Pfeilhöhe und weniger werden die Gelenke am
besten in den Scheitel und die Kämpfer verlegt; wenn jedoch die Bögen eine größere
Pfeilhöhe besitzen, so muß durch vergleichende Versuche festgestellt werden, an welchen
Stellen zwischen der gefährlichen Fuge und dem Kämpfer die Kämpfergelenke am zweck-
mäßigsten sind; je näher sie der gefährlichen Fuge gerückt werden, desto vorteilhafter
gestaltet sich einerseits die Bogenkonstruktion selbst, andererseits wird dadurch die Anlage des Widerlagers und der Pfeiler ungünstiger; die ökonomisch vorteilhafteste Lage
und die dadurch bedingte äußere Erscheinung des Bauwerkes werden die beste Lösung
bestimmen.

Bei schrägen Brücken können die Gelenkeinlagen in einer und derselben Fuge
nur dann durchgeführt werden, wenn die Schräge unbedeutend ist; ist dies nicht der
Fall, so sind die Gelenkfugen treppenförmig, von den Scheitel- und Kämpferpunkten in
den Gewölbstirnen ausgehend, nach dem sog. englischen Fugenschnitt anzulegen; streng
genommen sollte hierbei das Gewölbe in einzelne Ringe nebeneinander zerlegt werden.

Die Berechnung und der Entwurf der Steinbrücken mit gelenkartigen Bleieinlagen erfolgte im allgemeinen in folgender Weise: Das Eigengewicht des Brückenkörpers
zu 2,3 t/cbm und eine Verkehrslast von 400 kg/qm vorausgesetzt, wurde durch einige
Versuche für Vollbelastung die Drucklinie des Gewölbes bestimmt und als Mittellinie
des Gewölbes angenommen und die Scheitel- und Kämpferdicke unter Annahme der dem
verfügbaren Wölbmaterial entsprechenden Inanspruchnahme bestimmt; während zu Anfang bei dem Bau der Enz-Brücke bei Höfen die größte Druckbeanspruchung 24 at
nicht überschritt, wurde dieselbe bei späteren Bauten bis auf 56 at gesteigert. Der Abstand der Belastungsscheide vom Gewölbscheitel und zugleich derjenige Punkt, an welchem
bei einseitiger gleichförmiger Belastung bis zur Belastungsscheide die Berührungslinie
an die einseitige Druckkurve horizontal wird, ist hierbei mit zureichender Annäherung

---

[1]) Zeitschr. f. Bauw. 1885, S. 198.

durch die Formel bestimmt worden: $\delta = \dfrac{F_1 d_1 - F_3 d_3}{l \cdot s}$, worin $\dfrac{F_1}{F_3}$ die Belastungsfläche $\dfrac{\text{links}}{\text{rechts}}$ vom Scheitel des Gewölbes, $\dfrac{d_1}{d_3}$ die Entfernung der Schwerpunktslinie an $\dfrac{F_1}{F_3}$ vom $\dfrac{\text{linken}}{\text{rechten}}$ Kämpferdrehpunkt, l die Spannweite zwischen den Kämpfergelenkmitten, s die Scheitelstärke samt Belastungshöhe durch Eigengewicht und mobile Last bedeutet.

Die gröfste Inanspruchnahme in der gefährlichen Fuge bei einseitiger Vollbelastung wurde erst zeichnerisch bestimmt, Form und Dicke des Gewölbes hiernach berichtigt und hierauf das ganze Verfahren rechnerisch wiederholt.

Bei den Steinbrücken mit Gelenkeinlagen ist man von der allgemeinen Übung, wonach die Gewölbdicke vom Scheitel gegen die Kämpfer zunimmt, nicht abgegangen; es hatte dies erhebliche Unterschiede in der Beanspruchung des Wölbmaterials in Scheitel und Kämpfer, verglichen mit den gefährlichen Fugen zur Folge; bei den später ausgeführten Betonbrücken sind jedoch die Gewölbstärken vom Scheitel gegen die gefährlichen Fugen wachsend und von da gegen die Kämpfer abnehmend so gestaltet worden, dafs die gröfsten Inanspruchnahmen an sämtlichen bezeichneten Stellen annähernd gleich grofs und Zugspannungen fast vollständig vermieden werden; es steht selbstverständlich einer ebensolchen Anordnung auch bei Steinbrücken nichts im Wege, wobei der etwas unschöne Verlauf der äufseren Wölbungslinien in den Gewölbstirnen auch durch eine stetig gekrümmte Linie ersetzt werden kann.

Sämtliche bis heute in Württemberg ausgeführten Gelenkbrücken erhielten sogenannte verlorene Widerlager, um die Übertragung der Schubkraft der Gewölbe auf die Fundamentflächen möglichst klar zum Ausdruck zu bringen.

Der Aufbau auf dem Brückengewölbe erfolgte teils mit offenen Entlastungsbogen, teils mit vollen Stirnen und Entlastungsgewölben oder -Räumen parallel denselben; die erstere Anordnung gestattet eine zutreffendere Beurteilung der Wirkung der Belastungen durch Eigengewicht und Verkehr auf das Brückengewölbe, auch ist dieselbe meist schöner als geschlossene Brückenstirnen; dagegen übertragen die der Länge der Brücke nach verlaufenden Mauern der Entlastungsräume die äufseren Lasten gleichmäfsiger auf das Gewölbe, wodurch dasselbe günstiger beansprucht wird. Bei sehr flachen Gewölben, insbesondere für Eisenbahnverkehr, wird indessen häufig eine vollständige Füllung zwischen den Brückenstirnen der Anordnung von Entlastungsgewölben überhaupt vorzuziehen sein. Die Abdeckung der Brücken erfolgte in gewöhnlicher Weise durch Asphaltplatten, was für Strafsenbrücken vollkommen ausreichend war.

Die zu den Brückenbauten verwendeten Lehrgerüste zeigen keine Besonderheit, sie wurden ganz aus Tannenholz, sorgfältig zusammengearbeitet, hergestellt und meist auf Sandtöpfe, später auf Hebeschrauben gestellt; sämtliches Wölbmaterial ist — zweckmäfsig geordnet — auf den Lehrbögen gleichmäfsig verteilt aufgeschichtet, ehe die Wölbung begann; die Lehrgerüste sind der zu erwartenden Senkung entsprechend überhöht; die Gewölbsenkung konnte auf Grund der auf S. 6 angegebenen Ergebnisse der Zusammendrückung von Mauerwerkskörpern genügend genau voraus berechnet werden.

Nach Fertigstellung der Widerlager sind die Gewölbquader erst trocken auf eingelegte Tannenholzschienen mit 20 bis 25 mm Fugendicke versetzt worden. Die Bleistreifen wurden in der Mitte der Kämpfer- und Scheitelfugen eingelegt, mit Bleidollen oder Weichholzklötzchen befestigt und möglichst fest auf ihre Unterlage eingetrieben. Die Länge der einzelnen Bleistreifen betrug ca. 1 m, sie standen unter sich und von den Gewölbstirnen etwa 10 cm ab; auch die Bleifuge wurde durch Holzkeile in der richtigen Weite und Lage erhalten.

Das Wölben geschah von den Kämpfern gleichmäfsig gegen den Scheitel fortschreitend. Sämtliche Gewölbquaderfugen wurden möglichst rasch, gleichzeitig und gleichartig mit feuchtem Cementmörtel in der Zusammensetzung 1 Cement : 2 Sand ausgefüllt und mit Flacheisen festgestofsen; die Holzschienen konnten hierbei aus den Fugen gezogen werden. Die Bleifugen blieben offen.

Einen Monat nach Gewölbschlufs erfolgte das Ausschalen durch recht gleichmäfsiges Leeren der Sandtöpfe, zuweilen ist indessen schon nach 14 Tagen ein leichtes Ablassen des Gewölbes erfolgt.

Der Aufbau über dem Gewölbe wurde meist sofort nach Schlufs desselben begonnen und fortgeführt, obgleich es besser gewesen wäre, hiemit bis nach vollzogener Ausschalung zuzuwarten.

Über den Gelenkfugen blieben Mauer- oder Betonschlitze offen, damit sich das Gewölbe ungehindert bei der zunehmenden Belastung zu bewegen vermochte; diese Schlitze wurden erst geschlossen, wenn die Gelenkfuge neben den Bleiplatten vollständig gefüllt war, was geschah, wenn nahezu die ganze Last auf das Gewölbe aufgebracht war, welche es künftig zu tragen hatte. Zur Füllung der Gelenkfugen wurde dünnflüssiger Portland-Cement-Mörtel verwendet.

Unzweifelhaft richtiger wäre es, die Bleifugen dauernd offen zu lassen, weil hierbei für jede Belastungsweise der Brücke Gewähr für die räumlich eng begrenzte Lage der Drucklinie gegeben und weil insbesondere das Auftreten von Beanspruchungen durch Temperaturveränderungen fast vollständig ausgeschlossen sein würde; allein es ist auch nicht zu fürchten, dafs das Füllen der Bleifugen, nachdem nahezu das ganze Eigengewicht der Brücke auf dieselben zur Wirkung gekommen ist, eine nennenswerte Veränderung in dem Angriffspunkte des Scheitel- und Kämpferdruckes beim Eintreten der Verkehrsbelastung zur Folge haben kann; jedenfalls wird das Blei durch das Einbetten von Portland-Cement gegen langsame Zerstörung im Laufe der Jahrhunderte gesichert.

Die oben erwähnten Schlitze in den Stirnmauern und den Zwischenmauern der Entlastungsgewölbe, welche insbesondere das ungehinderte Spiel der Brücke bei Temperaturschwankungen sichern, sind bei späteren Brückenausführungen in der erforderlichen Weite offen belassen worden.

Über das Wesentlichste einer Anzahl der seit 1885 erbauten Steinbrücken geben die Tabellen auf S. 50 bis 53 Aufschlufs; in der ersteren ist insbesondere versucht worden, mit Zuhilfenahme der Versuchsergebnisse über Zusammendrückung von Mauerwerkskörpern die Scheitelsenkungen für sämtliche Brücken zu berechnen; die nicht unwesentliche, allein ohne Versuche über das Einbringen des Bleies in rauhe Steinflächen zur Zeit noch nicht sicher zu beurteilende Zusammendrückung der Bleieinlagen wurde hierbei vernachlässigt; dessenungeachtet stimmen die berechneten und die thatsächlichen Senkungen — von der Brücke No. 5 abgesehen — befriedigend überein.

Strafsenbrücke über die Enz bei Hofen (Württemberg) 1885, Taf. I, Fig. 1 bis 5. Die sichtbare Spannweite der Brücke beträgt 28 m, die Pfeilhöhe 2.8 m, die thatsächliche Spannweite in Fundamenthöhe dagegen 41 m. Die Brücke mufste für kleinen Verkehr billig gebaut werden und hat deshalb nur 2,5 m Fahrbahn und beiderseitig 0,7 m breite erhöhte Nebenwege, sonach eine Gesamtbreite von 3,9 m zwischen den Geländern erhalten. Der Baugrund ist fester Buntsandsteinfelsen, der 2 m unter Wasser ansteht. Das Gewölbfundament ist aus Stampfbeton im Verhältnis 1 Cement : 3 Sand : 6 Sandsteingeschläge mit Zugabe von 30°/₀ Sandsteineinlage, schichtenförmig nach dem Bogenhalbmesser hergestellt worden. Auf dem Beton sitzt rauhes Bruchsteinmauer. in Cementmörtel 1 Cement : 3 Sand versetzt, auf.

Das Lehrgerüst wurde teils auf eingerammte Pfähle, teils auf rauh gemauerte Steinpfeiler aufgesetzt unter Verwendung von Sandtöpfen; es wurde vor Beginn der Wölbung mit sämtlichem Wölbmaterial belastet, wobei Senkungen bis zu 3 mm beobachtet worden sind. Die zum Wölben verwendeten, rauh bearbeiteten Bausandsteinquader besaßen im Mittel 953 at Druckfestigkeit. In der Mitte der Kämpfer- und der Scheitelfuge sind 20 mm dicke Bleiplatten, 1,05 m lang, in 10 cm Abstand, auf ¹/₃ der Fugenbreite eingelegt, fest angetrieben und gegen Abrutschen gesichert worden; die bezeichneten Fugen wurden provisorisch gegen das Eindringen von Sand u. dergl. durch Einlegen von Wergzöpfen geschützt.

Das Versetzen der Wölbsteine geschah mit 2 Laufkranen unter Einhaltung einer Fugenweite von 15 mm trocken auf Lättchen von Weichholz, 50/15 mm im Querschnitt groß; schichtenweise erfolgte die Füllung der Fugen mit dickflüssigem Portland-Cement-Mörtel im Verhältnis 1 Cement : 1¹/₂ Sand; in 7¹/₂ Arbeitstagen wurde das Gewölbe von 2 Maurerpartien versetzt.

Das erste Absenken des Gewölbes konnte schon 15 Tage nach dem Gewölbschluß erfolgen; vier Wochen später, nach Vollendung der Ausmauerung, erfolgte die vollständige Freilegung des Bogens ohne irgend eine Beschädigung des Gewölbes.

Die bei dem Ausschalen beobachteten Bewegungen der Gelenkfugen sind aus folgender Zusammenstellung ersichtlich:

Beobachtungsstelle	Fugenweite Aufauf		Fugenweite Aufab	
	Äußere Leibung mm	Innere Leibung mm	Äußere Leibung mm	Innere Leibung mm
Kämpfer am linken Ufer nach dem Gewölbschluß	29	12	26	18,5
" " " " Ausschalen	30,5	10,5	26,5	15,5
" " " " gänzl. Fertigstellung	30,3	10,5	26,3	15,4
Scheitel nach dem Gewölbschluß	21	23	17	24
" " Ausschalen	19	22,3	14,5	24,8
" gänzlicher Fertigstellung	18,6	22,3	14,3	24,7
Kämpfer am rechten Ufer nach dem Gewölbschluß	33	14	32	18
" " " " Ausschalen	33,6	11,5	32,4	15,9
" " " " gänzl. Fertigstellung	33,4	11,1	32,2	15,7

Der Aufbau der Brücke erfolgte gleichfalls mit rauh bearbeitetem Bruchsteinen in Portland-Cement-Mörtel im Verhältnis 1 Cement : 3 Sand; kräftige an ihrer Rückseite verankerte Kragsteine tragen Steinplatten für erhöhte Nebenwege und ein schmiedeisernes Geländer.

Der Rücken des Brückengewölbes wurde 3 cm stark mit Portland-Cement-Mörtel im Verhältnis 1 Cement : 3 Sand abgedichtet; über die ganze Brücke weg ist unter der Fahrbahn eine 7 mm dicke Asphaltfilzdecke gelegt worden, auf welcher in einer Kiesschicht die Abwässerung stattfindet.

Die senkrechten Bewegungen des Brückenscheitels beim Übergang einer eincylindrigen, mit sechs Pferden bespannten Straßenwalze von ca. 5500 kg Gewicht sind aus folgender Tabelle ersichtlich.

	Scheitelsenkung	
	Aufauf mm	Aufab mm
Bei ruhender Last	0,35	0,35
Bei der Bergfahrt, 2°/₀ Steigung	0,48	0,50
" " Thalfahrt, 2°/₀ Gefälle	0,62	0,75

Die Beobachtungen wurden mit dem Amsler'schen Senkungsmesser gemacht, der Gewölbscheitel ging nach Wegnahme der Belastung wieder vollständig in seine ursprüngliche Lage zurück.

Die leer gebliebenen Teile der Bleifugen sind nach Fertigstellung der Brücke gereinigt und mit Cementmörtel vergossen worden.

Die Forbach-Brücke bei Baiersbronn (Württemberg), 1889/90 gebaut, Taf. I, Fig. 11 bis 15, überschreitet den Forbach unter einem Winkel von 45° und liegt in 2,77°/₀ Straßengefälle; sie hat 25 m sichtbare Spannweite bei 3 m Pfeilhöhe und 29,6 m Spannweite in Fundamenthöhe gemessen; die Breite

Lfd. No.	Bezeichnung der Brücke	Baugrund	Stützweite m	Spannweite m	Pfeilhöhe m	Bogenstärke m	Baumaterial	Bauweise	Gewölbstärke im		Widerlager	Breite im	
									Kämpfer	Scheitel	Höhe	Kämpfer	Scheitel
									m	m	mm	mm	mm
1	**Enz-Brücke** bei Höfen 1885	Fester unterer Buntsandsteinfelsen, 2 m unter N.W.	44,0	28,0	2,8	3,9	Waldfindlinge aus dem Buntsandstein, 935 at Druckfestigkeit	Quadergewölbe, Fundament Bruchsteinmauerwerk und Stampfbeton	1,5	1,0	20	500	350
2	**Enz-Brücke** oberhalb Wildbad (Gulde-Brücke) 1886	Fester unterer Buntsandsteinfelsen, 3 m unter N.W.	22,6	15,6	3,25	7,0	dto. 769 at Druckfestigkeit	Quadergewölbe mit Betonierung des äusseren Teiles, Fundament Beton mit Steineinlagen, 30° schräg	0,8	0,5	20	200	200
3	**Glatt-Brücke** bei Neuneck 1886	Fester mittlerer Buntsandsteinfelsen, 2 m unter N.W.	23,0	17,0	3,0	5,5	Gebrochene harte Buntsandsteine	dto.	0,8	0,4	20	200	100
4	**Murr-Brücke** bei Marbach 1887	Fester geschichteter Muschelkalkfelsen, 2 m unter N.W.	49,5	32,0	3,0	6,2	Keupersandsteine von 611 at, Muschelkalk von 1059 at, Beton von 83 bis 104 at, 117 bis 131 at, 115 bis 146 at, Buntsandstein von 750 at Druckfestigkeit	Quadergewölbe auf Betonfundamenten mit Steineinlagen	1,5	1,2	20	500	400
5	**Murg-Brücke** unterhalb Baiersbronn 1889	Fester Granitfelsen, anstehend	40,0	33,0	3,2	6,6	Gebrochene Buntsandsteine, für das Gewölbe harte Waldfindlinge aus Buntsandstein 853 at Druckfestigkeit	Quadergewölbe mit wenig Betonausfüllung, Fundament Mauerwerk und Beton aus Granitschotter, 22° schräg	0,8	0,6	20	180	170
6	Forbach-Brücke in Baiersbronn 1890	Fester Granitfelsen	32,0	25,0	1,0	6,6	dto.	dto. 45° schräg	0,8	0,6	20	130	110

Zeit zum Wölben	Schluss bis zum Ausschalen	Senkung des Scheitels		Grösste Inanspruchnahme des Baumateriales				Grösste Inanspruchnahme in der Stellfuge, gleichförmig vertheilt	Bauzeit	Brückenbaukosten				auf 1 qm Brückenoberfläche	
		beim Ausschalen	im Ganzen	im Fundament	im Kämpfer	in der Bruchfuge	im Scheitel			Gründung und Aufbau bis zu den Kämpfern	Lehrgerüst	Aufbau über dem Kämpfer	Gesammt-Aufwand	für die stärkere Spann-weite	für die Sicht-weite
Tage	Tage	mm	mm	at	at	at	at	at	Monate	M.	M.	M.	M.	M.	M.
7	35	40	56	8,4	13,5	24,0	18,0	60	10	7753	4354	12370	24477	224	142
10	14	11	18	4,5	10,5	24,0	7,3	46	5	5160	1329	7868	14357	131	91
—	36	15	15	4,7	5,4	15,3	8,2	36	3	—	—	8000		85	63
21	42	39	55	7,0	16,1	23,1	18,4	55	8	8755	2550	21136	32441	164	105
13	28	92	163	17,8	31,8	50,9	40,8	115	4	3206	2594	12910	18710	86	71
12	18	20	45	5,6	18,5	56,4	22,1	102	4	2527	2070	10013	14610	88	69

4*

Lfde. No.	Brücke	Linkes Widerlager								Rechtes Widerlager							
		Länge in der Brücklinie	Druck im Fundament	Druck im Kämpfer	Vergleich. Druck im Fundament	Zusammendrückung Millimeter der Länge	Zusammendrückung des Fundamentes			Länge in der Brücklinie	Druck im Fundament	Druck im Kämpfer	Vergleich. Druck im Fundament	Zusammendrückung Millimeter der Länge	Zusammendrückung des Fundamentes		
							in der Richtung der Drucklinie	senkrecht (a)	horizontal (b)						in der Richtung der Drucklinie	senkrecht (a)	horizontal (b)
		cm	at	at	at		cm	cm	cm	cm	at	at	at		cm	cm	cm
1	2	3	4	5	6	7	8	9	10	11	12	13	14	15	16	17	18
1	Enz-Brücke unterhalb Höfen	978	6,7	13,5	10,1	314	0,307	0,174	0,253	1010	6,7	13,5	10,1	314	0,317	0,186	0,257
2	Enz-Brücke oberhalb Wildbad (Gulde-Brücke)	540	4,5	7,1	5,8	185	0,100	0,080	0,061	660	4,5	6,5	5,5	176	0,116	0,095	0,066
3	Glatt-Brücke bei Neuneck	380	4,7	5,0	4,85	157	0,053	0,045	0,037	420	4,7	5,0	4,85	157	0,065	0,050	0,043
4	Murr-Brücke bei Marbach	1014	4,04	16,1	10,07	414	0,318	0,178	0,263	1128	4,8	16,1	10,45	427	0,368	0,209	0,302
5	Murg-Brücke bei Baiersbronn	608	8,4	23,0	15,7	478	0,290	0,163	0,240	487	13,7	26,0	19,85	589	0,110	0,049	0,099
6	Forbach-Brücke bei Baiersbronn	315	4,6	9,0	7,3	214	0,072	0,044	0,058	568	4,6	9,0	7,6	240	0,136	0,086	0,106

der Brücke zwischen den Geländern beträgt 6,6 m; die Gewölbstärke im Scheitel mißt 0,60 m, im Kämpfer 0,80 m. Die Brücke ruht auf Granitfelsen, die Fundamente sind aus Stampfbeton und Bruchsteingemäuer in derselben Weise hergestellt worden, wie an der Enz-Brücke bei Höfen.

Die Lehrgerüste wurden auf Betonpfeiler und Sandtöpfe gestellt; die Einschalung bestand aus 7 cm dicken Dielen, welche in 5 mm Abstand lagen, auf die Schalung wurden die Gewölbstirnen und die Lagerfugen der inneren Leibung aufgezeichnet und hierauf das Lehrgerüst belastet; die Bearbeitung der Stirnsteine nach den Gewölbstirnflächen geschah unter Abnahme der Schräge, die von 67° bis 113° wechselte, mittels eines beweglichen Steinhauerwinkels von der Gewölbschalung.

In den Scheitel und die sichtbaren Kämpfer sind Bleiplatten von 11 und 13 cm Breite und 2 cm Dicke in Stücken von je 0,95 m Länge in 6 Abtreppungen eingelegt worden.

Die Fugenweite im Gewölbe betrug 2 cm, sämtliche Gewölbquader wurden erst trocken auf Holzlättchen versetzt und sodann gleichzeitig gleichmäßig und satt mit feuchtem Portland-Cement-Mörtel im Verhältnis 1 Cement : 2 Sand ausgestoßen. Das Wölben erfolgte schon nach 18 Tagen, wobei die Senkungen des Scheitels 19 bis 21 mm erreichten, die sich bis zur Fertigstellung des Brückenaufbaues auf 42 bis 48 mm vergrößerten; dabei zeigte sich eine größte Erweiterung der Kämpferfugen in der äußeren Leibung von 0,4 mm, der Scheitelfuge in der inneren Leibung von 0,1 mm; die Bleiplatten verblieben auf ihre ganze Länge dicht an den Quadern. Die Bauzeit für die ganze Brücke betrug nur 4 Monate.

Gesamtbetrag der Widerlagerverschiebungen		Bogen						Summe von ¹/₂ Bogenverkürzung u. ¹/₂ Ausweichen der Widerlager	z. Leistelwirkung durchBogenzusammendrückung des Ausw. und Ausweichen der Widerlager	Gesamt-Scheitelsenkung nach dem Ansetzen		Bemerkungen
vergleichen senkrecht horizontal $\left(\frac{a+a^{\prime\prime}}{2}\right)$	insgesamt horizontal $b+b^{\prime}$	halbe Länge in der Profilinie	Bogen im Kämpfer	Bogen im Scheitel	vergleich Bogen Verkürzung	Zusammendrückung Mittelaxe der Länge	Verhältnis die Pfeil zu halber Sehne			berechnet (theor.) $2\delta+t\frac{1}{2}$	theor. wirklich	
cm	cm	cm	cm	cm	cm	cm		cm	mm	mm	mm	
19	20	21	22	23	24	25	26	27	28	29	30	31
0,139	0,940	1105	13,5	18,0	15,7	478	1:1,5	0,691 0,255 0,946	17,3	49,1	56	
0,087	0,127	890	7,1	7,5	7,2	228	1:2,1	0,193 0,063 0,256	6,2	7,0	18	
0,017	0,080	940	8,1	8,2	6,8	216	1:2,8	0,204 0,019 0,215	6,2	7,4	15	
0,194	0,505	1600	16,1	18,4	17,25	520	1:5,1	0,863 0,282 1,14	35,1	61,0	55	
0,109	0,601	1720	25	34,9	27,5	762	1:4	1,314 0,169 1,48	71,1	75,2	105	Mangelhafte Ausführung des Mauerwerks kann allein die Ursache der größeren Senkung sein
0,065	0,161	1720	15	18,8	17,95	522	1:1,09	0,689 0,082 0,771	31,2	52,2	15	

Die Brücke über den Elbe-Park in Hamburg, erbaut 1895, von 37 m Spannweite. 6 m Pfeilhöhe, 1,4 m Scheitel- und 1,8 m Kämpferdicke mit verlorenen Widerlagern aus Backsteinen mit Werksteinverkleidung der Stirne, hat im Scheitel und in den Kämpfern Bleieinlagen nach Leibbrand'schem System mit gutem Erfolg erhalten.

IV. Betonbrücken ohne Eiseneinlagen.

1. Allgemeines.

Mit zunehmender Vervollkommnung der Herstellung von Portland-Cement hat auch der Bau von Betonbrücken in großem Maßstabe zugenommen und Fortschritte gemacht; es hängt dies insbesondere zusammen mit der Zunahme der Festigkeit, welche Cement und Beton durch feinere Mahlung, Zunahme der Gleichartigkeit, weitergehende Erkenntnis

der physikalischen und chemischen Eigenschaften des Cementes und durch Verbesserung
der Herstellung gleichartigen Betons durch Verwendung von Maschinen für Betonbereitung
erhalten haben.

Die bekannten Grofsunternehmungen Dyckerhoff-Biebrich, Liebold-Holzminden
und Wayfs-Berlin haben sich besonders hervorragende Verdienste um die Vervollkommnung der Betonbauten im letzten Jahrzehnt erworben. Dyckerhoff fafst seine
Ratschläge über Herstellung von Betonbauten in Folgendem zusammen[16]): Für Gewölbe
empfehle sich als Mischungsverhältnis 1 Raumteil Portland-Cement auf 5 bis 6 Raumteile
Kiessand und 5 bis 6 Raumteile Kiessteine oder 7 bis 8 Raumteile harten Steinschlag;
der Wert des Kiessandes, welcher in Verbindung mit dem Cement den Mörtel abzugeben
habe, solle hierbei zuvor auf seine Güte durch Vornahme von Zugproben mit der zu ver-
arbeitenden Mörtelmischung festgestellt werden; hartem Steinschlag wird als Zusatz zu
dem Kiessand vor Kiessteinen der Vorzug gegeben, wo es die Preisverhältnisse des
ersteren gestatten.

Bei Stampfbetonbauten wird 5fache Konstruktionssicherheit als zureichend erachtet.
Die Bereitung und Bearbeitung des Betons soll in folgender Weise geschehen: Zu jeder
Mischung wird ein Sack zu 70 kg = 50 l Portland-Cement verwendet und der erforderliche
Kiessand beigegeben; der Cement ist über den abgemessenen Kiessand auszubreiten, je
nach der Beschaffenheit des Sandes ist beides erst 3 bis 4mal trocken und hernach
unter allmählichem Zugiefsen von Wasser etwa noch 3mal durchzuarbeiten, bis eine
gleichmäfsig feuchte Masse entsteht; die gemessenen, gut abgespülten Steine werden
hierauf mit dem fertigen Kiessandmörtel zusammengemischt und 2 bis 3mal durch-
gearbeitet.

Der so zugerichtete Beton soll in unmittelbarer Nähe der Verwendungsstelle liegen,
in Schichten von 18 bis 20 cm sorgfältig eingefüllt und mit 12 bis 15 kg schweren
Stämpfeln, die unten etwa 20 cm Breite haben, so lange gestampft werden, bis sie dicht
sind und bis sich Wasser auf der Oberfläche zeigt.

Wo der Beton wasserdicht gemacht werden mufs, ist er mit reinem Cementmörtel-
Verputz zu versehen, bestehend aus 1 Raumteil Portland-Cement und 2 bis 2½ Raumteilen
Sand, dem noch 0,1 Raumteil Fettkalk in Form von Kalkmilch beigesetzt werden kann,
um den Mörtel geschmeidiger zu machen; der dickbreiige Mörtel wird in 2 bis 3 Lagen
auf die rauhe und gereinigte Betonfläche etwa 10 mm stark aufgebracht, mit dem Richt-
scheit abgezogen und mit hölzernen Scheiben abgerieben; wenn der Mörtel abgebunden
hat, wird noch eine Lage reiner Cementbrei aufgebracht und mit der Filzscheibe geglättet.

—

2. Kleinere Betonbrücken.

Nach diesen Grundsätzen wurden von Dyckerhoff unter anderen hergestellt: 2 Brücken für
Überführung des sogenannten Flügelweges und der Weiseritz unter der Bahn bei Dres-
den[17]), 17 und 18 m weit; der Beton für das Grund-, Stirn- und Flügelmauerwerk bestand hierbei aus
1 Raumteil Cement auf 7 Raumteile Kiessand und 9 Raumteile harten Steinschlag; die Gewölbe wurden
im Verhältnis 1 : 6 : 8 hergestellt, wobei die gröfste Druckspannung im Scheitel zu 12,7 at angegeben wurde.

[16]) Deutsche Bauz. 1888, S. 242.
[17]) Deutsche Bauz. 1894, S. 493, mit Abb. — Zeitschr. d. österr. Ing.- u. Arch.-Ver. 1894, S. 461,
mit Abb.

Besondere Erwähnung verdienen ferner eine grofse Zahl von Überbrückungen, welche die Königl. Bayerische Staatseisenbahn-Verwaltung zur Überführung von Wegen über Bahngleise in den letzten Jahren ausführen liefs; dieselben bestehen aus einem mittleren Korbbogen, auf welchen sich beiderseits zwei eben solche grofse Entlastungsbögen aufsetzen; z. B. die Bavaria-Brücke in München, über 4 Gleise von München-Centralbahnhof nach München-Südbahnhof führend, 1895 gebaut, 19,5 m weites, schiefes Gewölbe aus 5 Mittelpunkten, 9 m breit mit 0,5 m Scheitelstärke; die beiden seitlichen, auf dem Hauptgewölbe aufsitzenden Sparbögen haben 7,2 m Weite bei 3,2 m Höhe und 0,45 m Scheitelstärke.

Die Inanspruchnahme der Hauptbögen beträgt bei 700 kg/qm Verkehrslast 14,5 at, die Fundamente werden mit 3,1 at geprefst. Der Beton ist zusammengesetzt für die Fundamente 1 Cement : 4 Sand : 8 Kies, für die Bögen 1 Cement : 3 Sand : 6 Kies; der Schlufs der Hauptgewölbe erfolgte im Scheitel und an den Stellen, an welchen die Sparbögen auf dem Hauptgewölbe aufsitzen, gleichzeitig; zu der Auffüllung auf den Gewölben wurde Beton mit 1 Cement : 5 Sand : 20 Kies verwendet; die Abdeckung geschah mittels Teerpappe.

Bei der grofsen Zahl Brücken ähnlicher Art, welche die Königl. Bayerische Staatseisenbahn-Verwaltung als Ersatz für abgängige Holzbrücken zu erbauen hat, werden mit Vorteil eiserne Lehrgerüste verwendet; dieselben bestehen aufserhalb des Profiles des lichten Raumes zu beiden Seiten aus segmentartigen Gestellen, auf welche Blechbalken in der Mitte aufgezogen werden. Die Aufstellung eines solchen Gerüstes erfordert 2 bis 6 Tage, der Abbruch 1 bis 2 Tage. Das aus Walzeisen in einzelnen Bänken in einfachster Weise hergestellte Gerüst wiegt bei 7,7 m Wegbreite 11 t, die Anschaffungskosten betragen mitsamt 2 Aufzügen für die Blechträger 5600 M., die Kosten der Aufstellung und des Abbruches 60 M. und die Gesamtkosten einer solchen Brücke für eine zweigleisige Bahn 7200 bis 11500 M.

Weniger sparsam bezüglich des Cementgehaltes als die Dyckerhoff'schen Brücken, jedoch mit Gelenken oder gelenkartigen Einlagen versehen und in den Spannweiten und Pressungen viel weitergehend, sind die Betonbrücken von Leibbrand-Stuttgart.

---

3. Beton-Gelenkbrücken.

Das ausgebildetste und gröfste dieser Bauwerke ist die Betonbrücke über die Donau bei Munderkingen (Württemberg)[37], 1893. Der Aufstellung des Entwurfes gingen, da es sich bei den gegebenen örtlichen Verhältnissen nur um eine Betonbrücke handeln konnte, Versuche über die Druckfestigkeit und Elasticität von Betonkörpern verschiedener Zusammensetzung voraus, die in dem mechanisch-technischen Laboratorium in München vorgenommen wurden; die Betonmaterialien wurden nach München gesendet und dort zu Probekörpern verarbeitet; von jeder Gattung wurden drei würfelähnliche Körper 12.12/14 cm grofs und drei Prismen 12.12/30 cm grofs hergestellt, und die letzteren wurden für die Elasticitätsmessungen verwendet. Die Probestücke blieben 1 bis 2 Tage in den Formen und wurden hernach 28 Tage unter Wasser gesetzt, worauf die Versuche begannen.

Das Vorhandensein schönen, der Juraformation entstammenden Kieses und Sandes unmittelbar an der Baustelle, sowie die Nähe der vorzügliche Fabrikate liefernden oberschwäbischen Cementfabriken in Ehingen, Blaubeuren u. s. w. legte es nahe, als hauptsächlichstes Baumaterial für die Brücke Beton zu wählen. Zuvor wurden jedoch in dem mechanisch-technischen Laboratorium der Technischen Hochschule in München eingehende Versuche mit einer Reihe von verschiedenen Betonmischungen gemacht, um sichere Anhaltspunkte über die Festigkeit und Zusammendrückbarkeit der zu verwendenden Baumaterialien zu erhalten. Die Betonmaterialien wurden dem genannten Laboratorium zugeschickt, von letzterem sind hernach für jede Betongattung drei würfelähnliche Körper

---

[37] Zeitschr. f. Bauw. 1894, S. 541, Bl. 64/65.

No.	Mischungsverhältnis der Probekörper	Druckfestigkeit der Formen		Koefficient		Würfel-festigkeit λ + μ at
		12/12/14 cm at	12/12/30 cm at	λ	μ	
I.	1 Cement : 2 Mainsand : 4 Basaltschotter	221	158	118	138	256
II.	1 ,, : 3 Basaltgries : 6 Juraschotter	142	88	41	118	159
III.	1 ,, : 2 Donausand : 4 Donaukies (geworfen) ..	152	111	75	90	165
IV.	1 ,, : 2½ ,, : 5 ,, ,,	132	87	48	98	146
V.	1 ,, : 3 ,, : 6 ,, ,,	119	85	56	74	130
VI.	1 ,, : 3 ,, : 6 ,, ,, (rasch bindend).	97	66	39	68	107

von 12/12 cm Grundfläche und 14 cm Höhe, sowie drei Prismen von derselben Grundfläche und 30 cm Höhe hergestellt worden; die Materialien wurden erst trocken gemischt und dann Wasser in solcher Menge zugesetzt, daſs sich dasselbe beim Feststampfen in die guſseisernen Formen an der Oberfläche zeigte; die Probestücke blieben 1 bis 2 Tage in der Form, sie wurden hernach ausgeschalt und 28 Tage ins Wasser gesetzt, worauf die Druck- und Zusammendrückungsproben erfolgten; zu ersteren wurden nur die 14 cm hohen, zu letzteren die 30 cm hohen Probekörper verwendet.

Die Ergebnisse der Versuche sind in der Hauptsache in der obenstehenden Tabelle enthalten. Hiebei ist zu beachten, daſs die Versuchskörper nicht genaue Würfel darstellten und daſs deshalb zur Ermittelung der Würfelfestigkeit die durch die Versuche gefundenen Zahlen nach der Formel

$$s_a = \lambda + \mu \cdot \frac{a}{h}.$$

berichtigt werden muſsten, in welcher s_a die Druckfestigkeit des würfelförmigen Körpers, a die Querschnittsseite, h die Höhe des Versuchskörpers und λ und μ Koefficienten bezeichnen.

Aus der obigen Tabelle ist zunächst ersichtlich, in welch hohem Maſse der aus Basaltschotter hergestellte Beton der Probe I dem aus Donaukies hergestellten Beton der Probe IV bezüglich der Bruchfestigkeit überlegen ist; der Vergleich der Proben II und V ergiebt dasselbe für Juraschotterbeton, es wurde deshalb für das Brückengewölbe Schotter aus Jurakalksteinen und groben Kieseln, die beide in einer Steinquetschmaschine zerkleinert wurden, verwendet.

Die Zusammendrückung der verschiedenen Betonproben ist, insolange es sich um Inanspruchnahmen bis zu 30 at handelt, nicht wesentlich verschieden, erst bei höheren Inanspruchnahmen zeigen sich Verschiedenheiten; der gröſseren Druckfestigkeit entspricht dabei eine kleinere Zusammendrückung, eine Elasticitätsgrenze der Betonproben ist nicht vorhanden, die Grenze der Stetigkeit der Zusammendrückung ist jedoch aus der Tabelle mit genügender Sicherheit erkennbar; sie liegt etwa für Basaltschotterbeton bei 120 at, für Juraschotterbeton bei 63 at, für Donaukiesbeton bei 70 at, bei Beton aus rasch bindendem Cement bei 30 at.

Zusammenstellung in Millimeter der eingetragenen Längen bei Belastung
... Längen/Seiten

0	13	27	12	74	90	107	126	146	164	181	204	229	240	254	...
0	17	35	46	103	127	175	187	221	281	290	—	—	—	—	—
0	16	33	42	72	92	114	143	154	178	204	227	290	105	112	—
0	16	33	52	80	108	127	167	171	196	224	284	125	—	—	—
0	15	33	52	95	117	143	161	188	221	258	275	303	142	—	—
0	17	35	55	101	141	219	290	—	—	—	—	—	—	—	—

Bei der Ausführung der Brücke gelangte Portland-Cement der oberschwäbischen
Cementwerke Ehingen-Blaubeuren zur Verwendung, von dem jede angelieferte Wagen-
ladung auf Raumbeständigkeit, Feinheit der Mahlung und Zugfestigkeit untersucht wurde;
der für das Gewölbe bestimmte Cement mußte besonders fein gemahlen sein, in dem
Normalsieb von 900 Maschen auf 1 qcm blieb kein Rückstand, bei 5000 Maschen dagegen betrug der letztere 15%, bei dem übrigen Portland-Cement blieben auf dem Sieb
mit 900 Maschen 1½%, mit 5000 Maschen 24% Rückstand. Die verlangte Feinheit
der Mahlung geht weit über die allgemeinen Normen für einheitliche Lieferung und
Prüfung des Portland-Cementes, die 10% Rückstand beim 900 Maschensieb zulassen,
hinaus; nicht zum geringsten Teil ist gerade diesem Umstande die große Festigkeit des
Betons zuzuschreiben.

Die Volumbeständigkeit des verwendeten Cementes wurde normenmäßig mit Cement-
kuchen auf Glasplatten untersucht und haben sich hiebei weder Verkrümmungen noch
Kantenrisse wahrnehmen lassen. Die Festigkeitsproben wurden mit den Apparaten der
Cementfabrik Ehingen ausgeführt.

Die Probekörper mit 5 qcm Bruchquerschnitt waren aus 1 Gewichtsteil Cement
und 3 Gewichtsteilen Normalsand hergestellt, 1 Tag an der Luft und 6 Tage unter
Wasser gelegen und zeigten folgende Zugfestigkeiten:

Materialgattung	Zunde zeit und	Zahl der Unter suchungen vor dem 25. Jan. 1893	Zugfestigkeit von — bis Mittel	Zahl der Unter suchungen nach dem 25. Juli 1893	Zugfestigkeit von — bis Mittel
Rasch bindender Portland Cement		14	10.2 — 20.2 14.6	—	—
Langsam bindender Portland Cement von gewöhnlicher Feinheit	4	10	17.0 — 15.7 17.1	35	23.2 — 37.2 26.4
Fein gemahlener grauer Portland Cement	4	40	14.3 — 26.3 18.7	20	23.7 — 42.1 29.2
» » roter »		—	—	9	20.3 — 43.0 24.3
» » grauer »		—	—	6	21.2 — 42.6 24.9
» » gelber »		—	—	4	23.0 — 20.1 23.7

Die vor dem 25. Juli 1893 vorgenommenen Proben sind mit weniger Sorgfalt ausgeführt worden, als die später folgenden, die letzteren sind daher zuverlässiger; sie zeigen, von welch vorteilhaftem Einfluß die feine Mahlung des Cementes auf seine Zugfestigkeit ist.

Durch die chemische Untersuchung wurde ein Magnesiagehalt von höchstens 1,1% festgestellt.

Die zur Betonbereitung verwendeten Materialien sind nur in völlig reinem Zustande verwendet worden; der zum Gewölbbeton erforderliche Schotter von etwa 4 cm Normalgröße wurde in einer neben dem Bauplatze aufgestellten und mittels einer Lokomobile betriebenen Steinquetschmaschine gebrochen.

Die Herstellung des Betons erfolgte in einer von einer Lokomobile betriebenen Mischtrommel, welche von der Maschinenfabrik Geislingen gebaut worden und im Besitz der Cementfabrik Ebingen war.

Sie besteht aus einem um eine horizontale Achse drehbaren Eisenblechcylinder von 1,50 m Durchmesser und 1 m Länge; in dem Cylinder befinden sich 40 Stahlkugeln von 12 cm Durchmesser und etwa 300 kg Gewicht; an dem Umfang der Mischtrommel ist auf ungefähr 50 cm Länge ein dem Blechmantel entsprechend gebogener Rost angebracht, dessen Stäbe nur 11 cm lichten Abstand haben, sodaß zwar die Betonmaterialien mittels eines Fülltrichters durch den Rost in die Trommel zu fallen vermögen, die Stahlkugeln jedoch nicht durchfallen können; der Rost wird mittels einer Blechklappe verschlossen und die Trommel durch eine mindestens 6pferdige Maschine in Bewegung gesetzt; die trockene Mischung währt etwa 2 Minuten, hernach wird durch die hohle Drehachse auf der einen Seite der Trommel von einem oberhalb derselben befindlichen Gefäße aus Wasser in die Trommel gespritzt; die Menge des zuzuführenden Wassers kann durch einen Schwimmer mit Wasserstandsanzeiger geregelt werden; nach 3 Minuten weiterer Drehung der Trommel ist die Betonmischung fertig, die Bewegung wird gebremst, sobald der Rost nach unten gerichtet ist, und der fertige Beton fällt, wenn die Klappe über dem Rost geöffnet ist, in die untenstehenden Transportgefäße. Da die Trommel 0,6 cbm fertigen Beton faßt, und Füllen und Entleeren derselben etwa 10 Minuten beanspruchen, so können mit einer Mischtrommel in 10stündiger Arbeitszeit 36 cbm fertigen Betons erzeugt werden. Die Wirkung der Maschine besteht nicht etwa darin, daß Schotter, Kies und Sand weiter zerkleinert werden, vielmehr wird in der Hauptsache der Cement kräftig an die Flächen der übrigen Materialien gedrückt, fein und gleichmäßig verteilt. Die Festigkeit des so erzeugten Betons war eine ungewöhnlich große; Probekörper von 10 cm Seitenlänge, welche aus dem für die Gewölbe bestimmten, im Verhältnis 1 Cement : 2,5 Sand : 5 Schotter gemischten Beton, wie er aus der Mischtrommel entnommen wurde, hergestellt worden sind, haben nach 7tägigem Erhärten an der Luft in 10 Fällen 141 bis 261, im Mittel 202 at Festigkeit ergeben, weitere 10 Proben nach 28 Tagen 201 bis 316 at, im Mittel sonach 254 at.

Versuche, die mit 4 zu Anfang des Monats August 1893 der Mischtrommel entnommenen Proben 5 Monate später in der Material-Prüfungsanstalt Stuttgart vorgenommen worden, ergaben für Würfel von 20 cm Seitenlänge Druckfestigkeiten von 322 bis 347, im Mittel 332 at; nach 2 Jahren 7 Monaten 509 at, im Mittel 477 bis 520 at.

Wenn daher bei dem Entwurf der Brücke davon ausgegangen worden ist, daß dieselbe in der Hauptsache, das heißt überall da, wo der Beton nicht bloß als Füllmauerwerk dient, bei voller Belastung mit etwa 34 at in Anspruch genommen werden dürfe, so wird dies im Hinblick auf die angewendete Behandlung der Baumaterialien und die hierdurch erzielte Festigkeit des Betons gerechtfertigt erscheinen, vorausgesetzt, dafs die rechnerischen Grundlagen des Entwurfes die erforderliche Sicherheit darbieten.

Um auch in rechnerischer Beziehung den Entwurf der weitgesprengten Brücke zu sichern, wurden in das Gewölbe und zwar im Scheitel und in den beiden Kämpfern Gelenke eingelegt. Sie haben in erster Linie den Zweck, das Gewölbe zu einer statisch bestimmten Konstruktion zu gestalten; alle willkürlichen Annahmen bezüglich des Verlaufes der Druckkurven bei beliebiger Belastung der Brücke sind hiebei entbehrlich, jeder Teil der Konstruktion kann mit der dem heutigen technischen Wissen entsprechenden Sicherheit berechnet werden. Aufserdem haben derartige Gelenkeinlagen zur Folge, dafs die notwendigen Senkungen des Gewölbes, welche von der Zusammendrückung des Baugrundes, der Fundamente und des Bogens herrühren, vor sich gehen können, ohne dafs Risse in dem Gewölbe entstehen.

Die Brücke ist nach vorstehenden Grundzügen entworfen und ausgeführt als Betonbogenbrücke von 50 m sichtbarer Spannweite und 5 m Pfeilhöhe mit 3 Gelenken. Die Berechnung erfolgte unter Annahme einer Verkehrslast von 400 kg auf 1 qm; von der Untersuchung der Wirkung von Einzellasten, wie Dampfwalzen u. dergl., hat man mit Rücksicht auf das grofse Eigengewicht der Brücke abgesehen.

Das specifische Gewicht des Betons ist mit 2,3 in Rechnung genommen worden, obgleich Versuche an 5 Monate altem Gewölbbeton der Versuchsstücke 2,4 ergeben haben.

Die dem Bogen zu gebende Form wurde auf dem Wege des Versuches gefunden, sie ist der mittleren Drucklinie für Vollbelastung des Gewölbes annähernd gleichlaufend; die innere Leibung ist auf der linken Gewölbhälfte nach einem Halbmesser von 65 m, auf der rechten dagegen vom Scheitel auf ²/₃ der Gewölbhälfte nach 70 m, weiterhin nach 46 m Halbmesser gekrümmt. Die Gewölbdicke im Scheitel beträgt 1 m und dabei erreicht die gröfste Inanspruchnahme 34,2 at; in den Kämpfern beträgt die Gewölbstärke 1,1 m, wobei links 34,4, rechts 34,9 at, also annähernd derselbe Druck wie im Scheitel als Höchstbeanspruchung auftritt. In den sogenannten Bruchfugen, im Durchschnitt mit B bezeichnet, nähert sich die Druckkurve der inneren oder äufseren Leibung, je nachdem die eine oder die andere Gewölbhälfte voll belastet ist; in beiden Bruchfugen ist nun die Gewölbdicke so vergröfsert und die Form des Gewölbes so gewählt worden, dafs die daselbst auftretenden gröfsten Beanspruchungen an der inneren und äufseren Leibung des Gewölbes gleich grofs und gleich der gröfsten Inanspruchnahme des Scheitels und Kämpfers werden; im Entwurf war dies vollständig erreicht, bei der Ausführung haben sich kleine Abweichungen dahin ergeben, dafs in der linksseitigen Bruchfuge die gröfsten Beanspruchungen 36,7 at, in der rechtsseitigen dagegen 38,0 at erreichen.

Die Gelenke sind nicht in einem Stück auf die ganze Gewölblänge durchgehend angeordnet, sie bestehen vielmehr bei 7,5 m Gewölbbreite aus 12 einzelnen Stücken von je 0,5 m Länge. Zwei Stahlschienen von 70 mm Breite und 25 mm Dicke, die nach einem Bogen von 15 cm Halbmesser genau aufeinandergearbeitet wurden, und die im Höchstbetrag von 659 at in Anspruch genommen sind, bilden die Stützpunkte des Bogens; sie wurden mittels einfacher Einschubvorrichtungen auf flufseisernen Kästen befestigt, welche an die Stelle der Gewölbquader treten und die den Zweck haben, den in den Stahlgelenken vereinigten Druck auf eine genügend grofse Betonfläche des Bogens und der Auflager zu verteilen; diese Kästen sind 50 cm lang, 80 cm radial gemessen breit und 23 cm hoch; sie werden aus je 3 I-Eisen mit beiderseits angenieteter Blechplatte von 15 mm Dicke gebildet; die Kästen sind auf Biegung um die Stahlachse beansprucht und zwar im Höchstbetrag von 842 at; der durch die Kästen auf den Beton gleichförmig übertragene Druck erreicht hiebei in den Kämpfern 57 at; dies erschien deshalb zulässig, weil die Kästen auf Betonflächen aufliegen, welche in der Längenrichtung des Gewölbes 63 cm lang, in der Richtung winkelrecht auf Leibung 110 cm lang, also um 40% größer sind, als die Druckfläche selbst; nach den von Bach und von Durand-Claye angestellten Versuchen ist hiebei die Druckfestigkeit von Steinkörpern um etwa 16% größer als beim Druck auf die volle Querschnittsfläche; außerdem ist die Ausführung der Gewölb- und Widerlagerteile in der Nähe der Gelenke mit der größten Sorgfalt und unter vermehrter Cementzugabe erfolgt, sodaß auch mit der Inanspruchnahme unmittelbar neben den Gelenken höher als im übrigen Teil des Gewölbes gegangen werden durfte.

Bei dem rechtsseitigen, auf Felsen ruhenden Widerlager beträgt die größte Inanspruchnahme an der Stelle, wo dasselbe auf dem Felsen aufsitzt, nur 14,5 at; die Inanspruchnahme des Widerlagerbetons auf Abscheren würde 10 at erreichen, dieselbe kann jedoch nicht zur Wirkung gelangen, weil der Raum zwischen Widerlager und dem Felsen vollständig mit Beton gefüllt worden ist.

Das Widerlager auf dem linken Ufer ist in seiner Fundamentfläche, verglichen mit 2 at, im Höchstbetrag mit 2,9 at in Anspruch genommen; die Beanspruchung des Widerlagers auf Abscherung durch den Horizontaldruck erreicht 3,4 at ohne Berücksichtigung des Reibungswiderstandes in der Scherfuge; wird der Reibungskoefficient zwischen Beton und Beton nur zu 0,7 angenommen, so ermäßigt sich die Beanspruchung auf Abscheren in der Kämpferhöhe auf 1,2 at. Die 145 Widerlagerpfähle werden verglichen mit je 34,8 t in ihrer Längsrichtung gepreßt; es darf nach dem Gang der Pfähle beim Einschlagen angenommen werden, daß sie unverrückbar fest entweder auf dem Felsen oder auf den dieselben überlagernden groben Gesteinstrümmern anstehen; die 145 Pfahlköpfe, welche in den Fundamentbeton eingebettet sind, haben ohne Berücksichtigung der Reibung zwischen Beton und Fundamentfläche einen Schub senkrecht zur Faser von 2485 t, somit auf einen Pfahlkopf von 17 t auszuhalten, was einer Beanspruchung der nicht unter 25 cm starken Pfähle auf Abscheren von 34 at entsprechen würde; wird dagegen die Reibung zwischen Fundamentfläche und Betonkörper mit 70% des Druckes in Rechnung gestellt, so verbleiben im ganzen nur noch 700 t für die 145 Pfahlköpfe, was einer Beanspruchung derselben von nur 10 at gleichkommt; verglichen mit der Schubfestigkeit des Holzes von 125 at ist hiernach zureichende Sicherheit vorhanden.

Um die Fundamente und den Bogen möglichst wenig zu belasten, wurden die Anken der Gewölbe durch Hohlräume, die in 2 Etagen übereinander angeordnet und zwischen 60 cm dicken Betonmauern 90 cm weit angelegt mit Beton doblenartig überdeckt sind, entlastet; die 100 cm dicken Stirnmauern bestehen aus Beton, der im Äußeren mit kleinen cyklopisch zusammengerichteten und in Cement versetzten Jurakalksteinen verkleidet worden ist.

Während die Gewölbbreite 7,56 m beträgt, mißt der Abstand der Stirnen der Bogenzwickel nur 7,40 m.

Zu beiden Seiten der letzteren sind einerseits zur Verbindung der ober- und unterhalb der Brücke gelegenen städtischen Anlagen, andererseits zur Herstellung eines Uferpfades entlang der Stadt gewölbte Durchgänge von 2,50 m Weite hergestellt worden; dieselben ruhen auf den Brückenfundamenten. Die Bogenöffnungen sind im Inneren aus Gewölbbeton, im Äußeren aus Betonquadern hergestellt worden.

Mittels kräftiger Konsolen und Deckplatten aus Betonquadern wurden die zu beiden Seiten der 5,40 m breiten Fahrbahn liegenden, je 1,30 m breiten, erhöhten Gehwege um 0,55 m über die Brückenstirnen ausgekragt. Randsteine und Rillsteine bestehen gleichfalls aus Betonquadern, die Gehwege haben Asphaltbelage erhalten, die Fahrbahn ist vollständig chaussiert; da die Brücke in einem Gefälle von 3% liegt, so wird sich die Abwässerung der Strafsenfläche vermittels der beiderseitigen Kandel gegen das linke Ufer in einfacher und genügender Weise vollziehen, sobald die Fahrbahn in allen Teilen dicht geworden sein wird; zur Ableitung des inzwischen durch die Chaussierung eindringenden Wassers wurden die Brückengewölbe und die Decken der Entlastungsräume mit einem Cementglattstrich versehen, auf welchem ein 7 mm dicker Asphaltfilz aufgebracht worden ist; auf letzterem liegt in der Mitte ein ⌣-Eisen, gegen welches das Sickerwasser aus der unter der Chaussierung liegenden Sandschicht geleitet wird, und in welchem es abfliefst.

Die unvermeidlichen Temperaturbewegungen der Brücke, welche eine Verlängerung des Bogens zwischen den Kämpfern und demgemäfs eine Bewegung des Scheitels verursachen werden, haben zur Folge, dafs in den Stirn- und Zwischenmauern über den Kämpfern Spannungen entstehen, welche erfahrungsgemäfs die Bildung von Rissen daselbst und in den darüber befindlichen Gehwegen begünstigen. Um dies zu vermeiden, sind sowohl in die Stirnmauern hinter den vorspringenden Umrahmungen der Seitenbögen als in den Zwischenmauern der Entlastungsräume offene Schlitze belassen worden, welche die freie Bewegung des Hauptbogens ermöglichen; unter der Fahrbahn und den Gehwegen sind diese Schlitze mit 2 L-Eisen, die aufeinander zu schleifen vermögen, abgedeckt.

Die Geländer der Brücke bestehen in der Hauptsache aus Schmiedeisen und Stahlröhren, insbesondere sind auch die Geländerpfosten aus schmiedeisernen I bergestellt worden, die mit Gufseisensockel und übergelegtem Ziereisen versehen worden sind.

Die Brüstungen bestehen aus Betonquadern; im Scheitel der Brücke hat einerseits die Statue des heiligen Nepomuk, andererseits ein reicher schmiedeiserner Laternenständer auf kräftig auskragenden Schlufssteinen Aufstellung erhalten.

Die Bauarbeiten wurden in der Hauptsache im Wege des Verdinges ausgeführt; der zu denselben erforderliche Portland-Cement ist jedoch von der Bauleitung selbst an die Cementfabrik Ebingen-Blaubeuren zur Lieferung übertragen worden.

Die Arbeiten begannen am 11. April 1893.

Das Ausheben der rechtsseitigen Fundamentgraben erfolgte ohne Schwierigkeit unter leichtem Wasserandrang.

Die linksseitige Baugrube wurde unter Wasser mit Handbaggern ausgehoben. Die 145 Pfähle sind unter 15° Neigung gegen die Senkrechte mit 2 Schlagwerken und Rammklötzen von 400 und 550 kg Gewicht eingetrieben worden mit einem Aufwand von 19 Mark per 1 Pfahl. Die Baugrube wurde in 2 Hälften ausgehoben; mittels 2 Lokomobilen und Centrifugalpumpen konnte der Wasserstand bis auf 0,5 m Wassertiefe bei einer Wasserförderung von 50 Sekundenliter vermindert werden, und nun wurde der Rest der Baugrube vollends ausgehoben, gereinigt, der unter Verwendung rasch bindenden Portland-Cementes hergestellte Beton mit Trichter unter Wasser versenkt; dabei wurde nicht unterlassen, durch Einlegen von Sickerdohlen gegen die Saugröhren der Pumpen das Auswaschen des Betons thunlichst zu verhüten; die Betonbereitung für die Fundamente erfolgte von Hand, möglichst trocken unter kräftiger Verwendung der Handstöfsel.

Für das Gewölbe und alle folgenden Betonarbeiten wurde die Mischtrommel verwendet; dieselbe wurde auf einem Holzgerüst aufgestellt, Kies, Sand und Cement sind mit Rollwagen auf Rampen zu der Plattform des Gerüstes geführt worden, die Entnahme des fertigen Betons erfolgte in die Schwebegefäße einer Luftbahn, mittels welcher der Beton an jede Stelle des Baues geführt werden konnte.

Das Lehrgerüst der Brücke ruhte auf 12 Pfahlreihen; da die Brücke unter 15° schief angelegt werden mußte, so hat dies die genaue Herstellung der Lehrbögen, die nach einfachem Strebensystem erbaut wurden, etwas erschwert. Die Schwellen der Lehrbögen ruhen mittels eichener Doppelkeile mit $^1/_{12}$ Anlauf auf den Deckhölzern der Pfahljoche. Es war ursprünglich beabsichtigt, den Bogen in 2 Hälften zu wölben, der Kürze der Bauzeit wegen wurde jedoch hievon abgesehen.

Die eisernen Gelenke an den Kämpfern wurden vom 15. bis 17. Juli vor dem Beginn des Wölbens versetzt; jedes der 0,5 m langen Gelenke wiegt an Flußeisen 385 kg, an Stahl 16 kg und kostete 115 M.; die Gelenke sind in je 10 cm Abstand treppenförmig, wie dies dem englischen Fugenschnitt des schrägen Brückenbogengewölbes entspricht, versetzt.

Das Lehrgerüst ist vor Beginn des Wölbens im Scheitel mit Kies und Eisenwerk im Gesamtgewicht von 25 t belastet worden. In Längen von 1 bis 1,5 m, der Bogenlinie nach gemessen, wurden nun winkelrecht auf die Bogenleibung Dielwände auf Gewölbdicke aufgestellt, die nach dem englischen Fugenschnitt gerichtet und in 3 Absätzen der Breite der Brücke nach abgetreppt waren; diese, große Gewölbquaderformen vorstellenden Kästen wurden nun in Schichten von etwa 30 cm Höhe ausbetoniert und festgestampft.

Die aus lose nebeneinander liegenden Hölzern von 10/10 cm Stärke bestehende Einschalung des Bogens ist vor dem Einbringen des Betons mit starkem Packpapier überzogen, dasselbe ist mit Leinöl bestrichen und hierauf sind kleine trapezförmige Leisten aufgenagelt worden, um der inneren Leibung eine Teilung nach der Richtung des englischen Fugenschnittes zu geben. Die Stirnen der Gewölbe mußten vollständig mit gehobelten Brettern eingeschalt werden, auf welche keilförmig verjüngte Hölzer aufgenagelt wurden, um die Abfasung des Bogens und die Bosseneinteilung desselben zu erhalten; auch dieses Holzwerk wurde geölt. Ehe der Beton an den Stirnen des Gewölbes eingebracht wurde, ist daselbst mit trockenem Cementmörtel im Verhältnis 1 Farbcement : 2 feinem Sand auf etwa 10 cm Dicke die Stirne des Gewölbes vorgesetzt und auf das Sorgfältigste festgeklopft und festgestoßen worden; der feuchter als gewöhnlich gehaltene Gewölbbeton hat sich mit der ihm vorausgehenden Stirnverkleidung in tadelloser Weise verbunden; übrigens wurde nie unterlassen, Betonflächen, welche schon getrocknet erschienen, beim Ansetzen weiteren Betons neben denselben zuvor mit dünnflüssigem Cementmörtel zu bewerfen, um eine innige Verbindung aller Teile des Gewölbes zu bewirken.

Es wurde abwechselungsweise je auf der einen und der anderen Seite des Bogens vom Kämpfer her gegen die Mitte betoniert; ein Betonklotz blieb 3 Stunden in Ruhe, ehe die Schalung abgenommen und gegen den Scheitel vorgerückt wurde.

Als die Wölbung je etwa auf 8 m des Gewölbes von beiden Kämpfern aus vorgeschritten war, wurden 2 künstliche Widerlager auf 16 m von den Kämpfern ab hergestellt und ist von hier aus gegen den Scheitel betoniert worden — daselbst blieben 2 m frei — ehe der übrige Teil des Gewölbes betoniert wurde.

Zufolge einer ungenügenden Unterstützung der Enden des Lehrgerüstes hatten sich die Enden des Brückenbogens während des Wölbens gegenüber den Widerlagern um 6,5 bis 14 mm gesenkt und die Stahlgelenke sind demgemäß teils lose, teils excentrisch geworden; es mußte deshalb der Beton zu beiden Seiten der Gelenke ausgespitzt und die letzteren genau versetzt und in ihrer Lage gesichert werden; dies ist mit sehr einfachen Mitteln dadurch geschehen, daß die beiden, ein Gelenk zwischen sich tragenden eisernen Kästen unverrückbar zusammengeschraubt und an feste Punkte der daneben befindlichen Betonmauer aufgehängt wurden. Die Scheitelgelenke wurden gleichfalls zusammengeschraubt, auf mit Eisen beschlagene Hölzer der Schalung aufgestellt und mit eisernen Keilen genau in die richtige Lage gebracht. So gelang es, die Gelenke völlig genau zusammenzupassen und sie auch in dieser Lage zu erhalten.

Am 4. bis 7. August wurden die Kämpfer und Scheitelgelenke zu beiden Seiten sorgfältig einbetoniert; das Gewölbe war sonach in 19 Tagen geschlossen. Nach Schluß des Gewölbes hat man die Verschraubung der beiden Hälften eines Gelenkes beseitigt.

Zehn Tage nach dem Gewölbschluß wurde das Gewölbe im Scheitel um 30 mm gesenkt, um ein Auftreiben desselben durch etwaiges Aufquellen des Lehrgerüstes zu verhüten; das letztere wurde übrigens während des Wölbens durch Anspritzen gleichmäßig feucht erhalten.

Achtundzwanzig Tage nach dem Gewölbschluß wurde der Bogen ausgeschalt; das Lösen der Keile war jedoch recht zeitraubend und schwierig, Schraubenstützen wären entschieden besser gewesen. Mit dem Aufführen der Stirnmauern und der Mauern zwischen den Entlastungsräumen ist schon nach dem ersten Senken des Scheitels begonnen worden.

Die Bewegungen des Scheitels der Brücke sind aus folgender Zusammenstellung ersichtlich:

Tag		Luft-temperatur 4 Uhr morg. °Celsius	Gesamtscheitelsenkung		Senkung auf 10° C. Lufttemperatur berichtigt	
			Aufauf mm	Aufab mm	Aufauf mm	Aufab mm
7. August	1893 Gewölbschluß	15	—	—	—	. . .
17. "	1893 vor dem ersten Ablassen . .	10	23	7	23	7
22. "	1893 nach . .	12	43	40	45	42
4. September	1893 vor dem zweiten Ablassen .	8	45	34	43	32
4. "	1893 nach dem völligen Ausschalen	16	75	72	82	79
19. "	1893	12	93	82	95	84
25. "	1893	8	105	96	103	94
26. "	1893	10	107	96	107	96
12. Oktober	1893	12	115	107	117	109
13. "	1893	11	121	114	122	115
26. "	1893	10	127	122	127	122
1. November	1893	4	131	130	124	123
13. "	1893	1	139	134	129	124
18. Januar	1894	−3	147	144	133	130

Der Ausdehnungskoefficient für Beton wurde hierbei zu 0,0000088 für 1° C. angenommen, was einer Scheitelbewegung um 1,1 mm für 1° C. entspricht.

An dem linksseitigen Widerlager wurden Horizontalbewegungen nach dem Ausschalen von 2 bis 6,5 mm, Vertikalsenkungen von 3,5 bis 4 mm gemessen, am rechtsseitigen Widerlager dagegen sind Horizontalverschiebungen bis 3,6 mm und Senkungen bis 2 mm beobachtet worden.

Die eisernen Gelenke wurden schon am 26. Oktober 1893 mit Cementmörtel in der Mischung 1 Cement : 2 Sand auf das Sorgfältigste ausgefüllt, weil der Fortgang der Arbeiten die spätere Füllung nicht mehr möglich gemacht hätte und weil die Beobachtung der Scheitelbewegungen gezeigt hatte, daſs der Bogen zur Ruhe gekommen war; die Umhüllung der Gelenkkonstruktion mit Cementmörtel soll nur Gewähr dafür geben, daſs die Gelenke unversehrt erhalten bleiben und im Laufe der Jahre nicht durch Rost zu Schaden kommen. Bei sorgfältiger Aufsicht und Überwachung könnten die Gelenke recht wohl auch frei bleiben; es würde dies das ungehinderte Spiel des Bogens, insbesondere bei wechselnder Temperatur, das bei 50° C.-Wechsel eine Bewegung des Scheitels von etwa 55 mm zur Folge hat, ermöglichen, ohne daſs Nebenpressungen in dem Gewölbe auftreten. An der Druckverteilung im Gewölbe wird die Füllung und Umhüllung der Gelenke mit Cementmörtel nichts ändern, denn die zuvor schon vorhandene Übertragung des Druckes auf die Gelenke wird nicht von der lose eingebrachten Mörtelfüllung aufgenommen.

Die Gesamtsenkung des Gewölbscheitels hat nach Abzug der durch das Zusammendrücken des Lehrgerüstes während des Wölbens entstandenen Senkung von 23 bezw. 7 mm 110 bezw. 123 mm, im Mittel sonach 116 mm betragen; die Lehrbögen wurden um 120 mm im Scheitel überhöht, was genügend war.

Die zu erwartende Senkung des Scheitels wurde in folgender Weise vorausberechnet:

Das linke Widerlager kann sich in der Pfahlfundation bei der mittleren Belastung eines Pfahles mit 34,8 t, der specifischen Inanspruchnahme der Pfähle mit verglichen 70 at entsprechend bei 4 m Pfahllänge senken um 2,8 mm, wenn der Elasticitätsmodul für Tannenbolz zu 100000 kg qem angenommen wird.

Das auf den Pfählen sitzende Betonfundament ist in der Richtung der Drucklinie mit 34 bis 2 at verglichen mit 18 at auf 6 m mittlere Länge beansprucht; die Zusammendrückung für Mauerwerkskörper beträgt hiebei $\frac{585}{1000000}$ der Länge oder 3,5 mm; dies ergiebt ein Ausweichen des linken Kämpfers um 1,6 mm, eine senkrechte Senkung desselben um 1,1 mm. Das rechte Widerlager ist mit 34,9 bis 14,5 at gepreſst, verglichen sonach mit 24,7 at; dem entspricht eine Zusammendrückung der Mauerwerkskörper von $\frac{691}{1000000}$ oder 2,4 mm; das rechte Widerlager weicht daher um 1,1 mm seitlich aus und senkt sich um 2 mm.

Der Bogen ist verglichen mit 35 at gedrückt, dem entspricht bei 25,6 m Bogenlänge eine Zusammendrückung von $\frac{910}{1000000}$ oder von 22 mm; wird dieser Verkürzung des Bogens die Vermehrung der Spannweite durch Ausweichen der Kämpfer um 2,7 mm hinzugeschlagen, so beträgt die Scheitelsenkung aus den genannten Ursachen $5 \times (22 + 2,7)$ oder 143,5 mm; die verglichene Senkung beider Kämpfer erreichte 2,5 mm, daher die Gesamtsenkung des Scheitels 146 mm.

Dies stimmt genügend genau mit dem thatsächlichen Vorgang.

Würden in die Rechnung diejenigen Zahlen über Zusammendrückung des Betons eingeführt, welche Bauschinger bei den oben angeführten Versuchen gefunden hat, so käme man zu weit geringeren Senkungen, als sie vorstehend berechnet sind, nämlich zu nur 14 mm; man hat bei der Ausführung der Brücke vorsichtigerweise die Überhöhung des Bogens so gewählt, wie wenn eine Steinbrücke zu bauen gewesen wäre, und der Erfolg hat diese Vorsicht als wohlangebracht erwiesen.

Bei der Fertigstellung der Brücke wurde versucht, dem Bauwerk das sonst Beton-bauten eigene unerfreuliche Aussehen zu benehmen; es wurde deshalb zu den Stirnen des Gewölbes, zu den grofsen Bossenquaderschichten der Seitendurchlässe, zu den Konsoleschichten und Deckquadern rötlich gefärbter Cement im Ton des bunten Sandsteines, zu den Brüstungen und glatten Schichten der Seitendurchlässe schwach grünlich gefärbter Cement verwendet; die vorkommenden Bossen sind mit Hammer und Schlageisen nach-gearbeitet worden. In Verbindung mit dem hellgelben Ton der cyklopischen Verkleidung der Steinmauern mit weifsen Jurakalksteinen ist hierdurch eine angenehme Erscheinung des Bauwerkes zuwege gebracht worden.

Die Herstellung der nötigen Cementquader geschah in Holzformen, die durch Schrauben lösbar waren und auf ihrer Innenseite mit Leinöl bestrichen wurden. Die sichtbaren Flächen der Quader erhielten eine 2 bis 3 cm dicke Lage sehr trockenen Mörtels, der aus 1 Teil Farbcement und 2 Teilen Sand von gleichartiger Korngröfse bestand; dieser Mörtel wurde sorgfältig mit einem breiten Hammer an die Wandungen der Form angeschlagen und der Kern mit Beton im Verhältnis 1 Cement : 2 Sand : 3 Kies eingefüllt. Nach 24 Stunden wurden die Holzformen abgenommen und der Cement-quader auf einer Sandunterlage der Erhärtung überlassen; die Herstellungskosten be-trugen 15 bis 30 M. für Handarbeit auf 1 cbm.

Nach 7 monatlicher Bauzeit konnte die Brücke am 16. November 1893 dem Ver-kehr übergeben werden; sie hat sich seither tadellos gehalten.

Der Aufwand für die Brücke unter Ausschlufs der Zufahrten hat betragen für:

Gründungsarbeiten . . . . . 14 000 M.
Lehrgerüste . . . . 7 100 „
Aufbau der Brücke . . . . . 40 400 „
Bauaufsicht und Insgemein. . . 9 500 „

zusammen 71 000 M.;

es kostet sonach 1 qm Verkehrsfläche bei 50 m sichtbarer Spannweite und 8 m Breite zwischen den Geländern 177 M.; wird jedoch der Berechnung die mittlere Stützweite zwischen der Fundamentmitte von 59 m zu Grunde gelegt, so betragen die Brücken-baukosten für 1 qm Verkehrsfläche 150 M.

Es sind im ganzen 552 t Portland-Cement zur Verwendung gelangt; der Cement-bedarf für die verschiedenen Beton- und Cementquader-Arten war folgender:

Fundamentbeton	1 : 2½ : 5 ohne Steineinlage	238 kg Cement für 1 cbm Beton
„	1 : 4 : 8 mit ½ „	191 „ „ „ 1 „ „
Gewölbbeton	1 : 2½ : 5 ohne „	253 „ „ „ 1 „ „
hierzu bei Stirnquadern roter Färbung noch Farbcement		20 „ „ „ 1 „ „
Beton	1 : 3 : 6	250 „ „ „ 1 „ „
„	1 : 4 : 8	200 „ „ „ 1 „ „
„	1 : 5 : 10	164 „ „ „ 1 „ „
Formsteine, farbig	1 : 2½ : 5 gewöhnlicher Cement	302 „ „ „ 1 „ „
aufserdem Mörtel aus		
Farbcement	1 : 2	244 „ „ „ 1 „ „
Formsteine, ungefärbt	1 : 2½ : 5 gewöhnlicher Cement	407 „ „ „ 1 „ „
Cementmörtelgufs	1 : 2½	10 „ für 1 qm.
Cyklopenmauerwerk	1 : 2 gewöhnlicher Cementmörtel	71 „ „ 1 cbm.

Das schmiedeiserne Brückengeländer wiegt 68,5 kg und kostet 34 M. auf 1 m.

Der Portland-Cement-Mörtel hat nur 2 M. 90 Pf. frei Station Munderkingen ge-kostet, für roten Cement wurden 3 M. 10 Pf., für grünen 6 M. 10 Pf., für gelben

Lfd. No.	Bezeichnung der Brücke	Baugrund	Stützweite	Spannweite	Pfeilhöhe	Breite Fahrbahn	Baumaterial	Bauweise	Gewölbstärke im Kämpfer	(Scheitel)	Bleieinlagen Breite im Kämpfer	Dicke	(Scheitel)
			m	m	m	m			m	m	mm	mm	mm
1	Brücke über die Bahn beim Bahnhof Ehingen 1891	Jurafelsen	25,0	18,0	4,6	6,8	Beton mit Jura- kalkstein- Verkleidung der Stirnen	Gewölbbeton 1:2:6. Betonquader 1:2:4. 25° schräg	1,0	0,6	20	100	100
2	Neckar-Brücke bei Mühlheim 1895	Ge- schichteter u. Muschel- kalkfelsen, 2,90 bis 4,70 m unter N. W.	29,2 u. 27,7	22 resp. 23	2,2	4,1	Beton und Sandstein, Tuffstein- verkleidung der Stirnen	Fundamente aus Stampfbeton 1:2:5, Bogengewölbe 1:2½:5, Mittelpfeiler mit Sandstein- verkleidung	0,6 resp. 0,5	0,6	20	106	93
3	Lein-Brücke (O.-A. Gmünd) 1895	Stuben- sandstein bezw. harter Mergel	29,6	21,1	3,5	5,6	Beton	Gewölbbeton 1:2½:5, Widerlager- beton 1:4:8. Sonstige Mauern 1:4:6.	0,8	0,5	20	150	120
4	Neckar-Brücke bei Gemmrigheim (O.-A. Besigheim) 1896	Muschel- kalkfelsen	40,0 m 38,0 m			5,5	Beton	Gewölbbeton 1:2½:5. Pfeiler 1:3:6. Verkleidung der Pfeiler- vorkopfe aus Werkstein	0,9	0,8	20	180	150

3 M. 10 Pf. Zuschlag bezahlt. Die Herstellung von 1 cbm in der Mischtrommel hat ohne den Aufwand für Aufstellung der Maschine und des Transportgerüstes nur 1 M. 76 Pf. gekostet, mit dem Transport an die Verwendungsstelle, dem Einbringen und Einstampfen ist der Aufwand auf 4 M. 50 Pf. für 1 cbm Beton gestiegen. Der Taglohn eines gewöhnlichen Arbeiters betrug 2 M. 60 Pf. Der Aufwand für Brücken- und Straßenbau betrug im ganzen 90000 M., wozu der Staat 33000 M. Beitrag leistete und die Bauleitung übernahm; den übrigen Aufwand hatte die Stadtgemeinde Munder- kingen zu tragen.

Die obenstehende Tabelle giebt eine Übersicht über einige 1891 bis 1896 nach denselben Grundsätzen, jedoch unter Verwendung von Bleiplatten zu den gelenkartigen Einlagen, erbaute Brücken.

Betonbrücke über die Donau bei Rechtenstein (Württemberg)[34] von P. Braun. An Stelle zweier Balkenbrücken von je 23 m lichter Weite wurden zwei Betonbögen gesetzt. Die Straßenfahrbahn ist nur 2,3 m breit, beiderseits befinden sich je 0,7 m breite erhöhte Fußwege. Die Gewölbe haben bei 23 m Weite 2,5 m Pfeilhöhe, 0,65 m Scheitelstärke und 0,90 m Kämpferstärke. Der Gewölbbeton ist

---

[34] Zeitschr. f. Bauw. 1893, S. 439, mit Abb.

Zeit zum Wölben	Ruhezeit bis zum Ausschalen	Senkung des Scheitels		Grösste Inanspruchnahme des Baumaterials				Grösste Inanspruchnahme im Fundamente, gleichförmig verteilt	Bauzeit	Brückenbaukosten				auf 1 qm Brückenoberfläche	
		beim Ausschalen	im Ganzen	im Fundament	im Kämpfer	in der Bruchfuge	im Scheitel			Gründung und Aufbau bis zu den Kämpfern	Lehrgerüst	Aufbau über dem Kämpfer	Gesamt Aufwand	für die sichtbare Spannweite	für die Stützweite
Tage	Tage	mm	mm	at	at	at	at	at	Monate	M.	M.	M.	M.	M.	M.
22	15	14	14	6,9	5,9	14,2	8,9	61	8	3320	1400	6340	11060	99	71
3	20	18 resp. 17	23	6,7	17,7	20	18,8	100	7	nach der Ausführung 11770	2810	12080	26660	140	110
—	—	—		5,7	11,8	21,9	14,8	66	—	—	—	—	—	—	—
10	60	17	24	8,0	22,1	30,0	20,0	110,9	—	Voranschlag 45000 Gründung	13400	77500	135900	137 zwischen den Enden der Widerlager	

im Mischungsverhältnis 1 Portland-Cement, 2,5 Sand und 5 Kies unter Zugabe von ¹/₄ Bruchsteinen hergestellt worden. In den Kämpfer- und Scheitelfugen sind 20 und 18 cm breite, 2 cm dicke Streifen von Weichwalzblei gelenkartig eingelegt; die grösste Gewölbpressung beträgt 18 at, diejenige in den Bleistreifen 60 at. Die Ausrüstung erfolgte 14 Tage nach Gewölbschluss und ergab sich hierbei 10 mm Scheitelsenkung, die sich allmählich mit Aufbringen der Last auf 40 mm vergrösserte. Die Baukosten haben nur 13800 M., also 80 M. für 1 qm der überbrückten Fahrbahnfläche betragen.

Ein hervorragendes Beispiel einer nach Konstruktion und reicher Ausstattung wohlgelungenen Betonbrücke ist die Brücke de la Coulouvrenière über die Rhone in Genf[*]), erbaut von Butticaz 1895. Unter schwierigen örtlichen Verhältnissen wurde an der Stelle einer nicht tragfähig genug erscheinenden eisernen Jochbrücke eine massive Bogenbrücke errichtet. Eine aus Professor Ritter-Zürich und Ingenieur Elstres der Jura-Simplon-Bahn bestehende Experten-Kommission beurteilte die im Wege des Wettbewerbes erlangten Bauentwürfe und entschied sich auf Grund nachstehender Erwägungen für die Ausführung des Bauwerkes in Stampfbeton: Die ganze Theorie des armierten Betons, ob es sich nun um das Monier- oder Hennebrique-System für Herstellung

[*]) Génie civil 1896, S. 129, mit Abb.

5*

elastischer Träger handele, sei noch so neu, daß es schwierig wäre, sich über die Einzelheiten der hiernach bearbeiteten Entwürfe ein genaues Urteil zu bilden. Überdem wäre es etwas gewagt, über derartige kombinierte Konstruktionen ein sicheres Urteil abzugeben, denn die Theorie derselben sei noch ungelöst; die hierüber bis jetzt vorliegenden Versuchsergebnisse seien ungenügend, insbesondere für die Beurteilung großer Bauwerke. Zuzugeben sei, daß die Adhäsion des Betons am Eisen und die Kohäsion der Querschnittsteile so groß sei, daß ein Gleiten des Betons auf dem Eisen bei guter Herstellung des ersteren nicht zu fürchten sein werde; allein da der Beton keinem beträchtlichen Zuge zu widerstehen vermöge, während das Eisen Zugkräften von 800 at unterworfen werden könne, bei welchen die elastische Verlängerung 0,5 mm auf 1 m Länge erreiche, was der Beton nicht zu ertragen vermöge, so sei man genötigt anzunehmen, daß der Beton in den gezogenen Partien breche; ob hierbei der innere Zusammenhang des Betons ganz aufhöre, ob sich nur unmerkliche kapillare oder wirkliche sichtbare Risse bilden, das könne zwar bis heute niemand sagen, allein es sei beinahe gewiß, daß sich derartige Risse bilden müssen. Die bisherigen Versuche zeigen zwar unzweifelhaft, daß die bezeichneten Erscheinungen zur Zeit keinen nachteiligen Einfluß auf die Stabilität und die Elasticität der armierten Betonbauten haben, ob dem aber auch in Zukunft so sein und bleiben werde, das sei ungewiß, hierfür könne keine Gewähr übernommen werden.

Die Experten empfahlen hierauf die Verwendung von Stahlgelenken in den Kämpfern und im Scheitel nach dem Vorgange der Munderkinger Brücke, wobei die Druckkurve genau festgelegt und die Bildung von Rissen ausgeschlossen sei.

Die Kommission verwarf hiernach die Entwürfe mit armiertem Beton und schlug den Entwurf von M. Bois, bei welchem die Brücke nach dem Munderkinger Muster ganz in Stampfbeton hergestellt werden sollte, zur Annahme vor (siehe Fig. 16).

Die Brücke hat 4 Öffnungen erhalten und zwar 2 Hauptbögen von 40 m Weite und 5,55 m Pfeilhöhe, eine Mittelöffnung von 14 m und einen Durchgang für die rechtsseitige Uferstraße von 12 m Weite; die ganze Länge der Brücke beträgt hiernach 152 m und die Breite zwischen den Brüstungen 20 m; sie ist binnen Jahresfrist 1895/96 gebaut worden.

Die rechtsseitigen Uferpfeiler und die Pfeiler der Brückenmitte konnten zwischen Fangdämmen und unter Zuhilfenahme sehr kräftiger Pumpen unmittelbar 3,7 m unter der Flußsohle gegründet werden; der linksseitige Pfeiler dagegen mußte auf Pfähle gestellt werden; die hierbei erreichte Tragfähigkeit der Pfähle betrug 35 bis 45 t.

Für denjenigen Fundamentbeton, welcher nicht mehr als 6 at Druck aufzunehmen hatte, wurde auf das cbm 200 kg hydraulischer Kalk verwendet; bei Inanspruchnahme bis zu 20 at dagegen kam 200 bis 300 kg zur Verwendung; außerdem wurden auf 1 cbm gestampften Beton 0,8 cbm Kies und 0,5 cbm Sand verwendet.

Die beiden kleineren Öffnungen von 14 und 12 m Weite erhielten keine Stahlgelenke, an ihrer Stelle sind schmale Bleistreifen in der Fugenmitte eingebettet worden. Die Stahlgelenke der beiden großen Öffnungen bestehen aus zellenförmigen Trägern von 1 m Länge, 0,50 m Breite und 0,28 m Höhe; die Stahlgelenkbolzen haben 100 mm Halbmesser und sind 75 mm breit. Eine über den Kämpferfugen senkrecht aufgehende Trennungsfuge ermöglicht jeder Gewölbhälfte vollständig freie Bewegung bei etwaigen Senkungen der Widerlager und bei Temperaturschwankungen.

Die Betonbereitung erfolgte sehr sorgfältig. Der Kies der Arve wurde im Steinbrecher zerkleinert und durch eine Siebtrommel von 3 cm Lochweite sortiert. Die Bei-

Fig. 16. *Brücke de la Coulouvrenière über die Rhone in Genf.*

Längenschnitt.

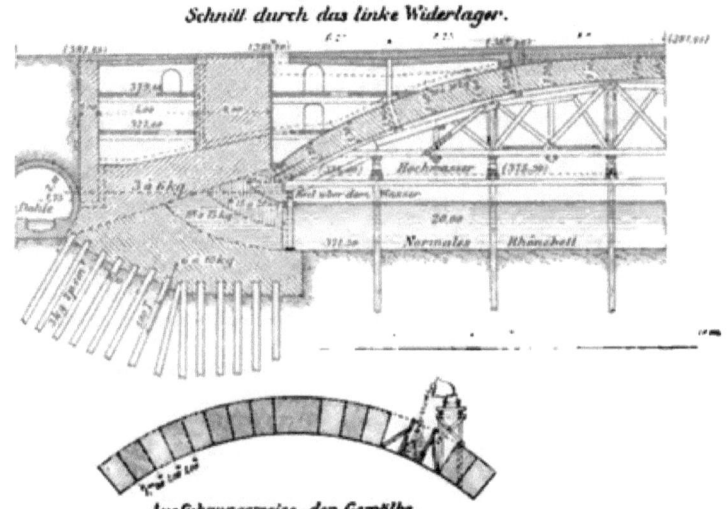

Schnitt durch das linke Widerlager.

Ausführungsweise der Gewölbe.

gabe von Cement für die Gewölbe erfolgte mit 425 kg auf 1 cbm Beton; der Cement besafs 25 bis 30 at Zugfestigkeit und etwa 300 at Druckfestigkeit nach 28 Tagen.

Die Erzeugung des Betons geschah in 3 Betonmaschinen, von welcher jede 4 bis 8 cbm fertigen Beton in der Stunde zu liefern vermochte.

Die Lehrgerüste bestanden aus sorgfältig hergestellten Zimmerwerken auf 8 Pfahlreihen; soweit es der Wasserstand zuliefs, ruhten die Lehrbögen auf Sandtöpfen, unter Wasser auf Keilen.

Die Gewölbdicke der grofsen Brückenöffnungen nimmt, der Schwankung der Druckkurve bei einseitiger Belastung entsprechend, vom Scheitel mit 1 m erst zu bis 1,40 m und gegen den Kämpfer auf 1,20 m ab.

Der Gewölbbeton ist in 1 m langen Stücken, von 4 Stellen der Rüstung aus beginnend, gewölbsteinartig und möglichst gleichförmig aufgebracht und zwischen den beiderseitigen Fugenschalungen festgestampft worden. Die Senkung der Lehrgerüste im Scheitel betrug 2 cm, in einem Abstande von etwa ⅙ der Spannweite bis zu 4 cm; die Pfähle der Lehrgerüste liefsen dagegen keine mefsbare Einsenkung wahrnehmen. Das Aufbringen des Gewölbbetons erforderte rechtsuferig 20, linksuferig 10 Tage; im Mittel sind 100 cbm Beton in einem Tage eingebracht worden.

Erst 2½ Monate nach dem Schlusse des Gewölbes erfolgte die Ausschalung, dabei ergab sich rechtsuferig eine Scheitelsenkung von 22 mm; bis zur Fertigstellung des Aufbaues hat dieselbe auf 42 mm zugenommen; am linksuferigen Bogen hat die Scheitelsenkung 30 mm, bei der Ausschalung im ganzen 40 mm erreicht.

Am linksuferigen Ortspfeiler ist hiebei eine Senkung um 2 bis 3 mm und ein horizontales Ausweichen um 4 bis 5 mm wahrgenommen worden. Die vertikalen Trennungsfugen über den Kämpfern zeigten Bewegungen bis zu 8 mm.

Die Gewölbe sind zwischen den Brückenstirnen durch gewölbte Entlastungsräume in 3 Geschossen erleichtert worden.

Der äußere Anblick der Brücke läßt nicht erkennen, daß man es mit einer Betonbrücke zu thun hat, sie hat vielmehr vollständig das Aussehen einer Steinbrücke. Die Pfeiler sind mit Quadern, die Gewölbzwickel mit weißen Steinen von Divonne verkleidet, an den Gewölben selbst hat der Beton eine derartige Bearbeitung und Bossierung erfahren, daß er von natürlichen Steinen nicht zu unterscheiden ist; die Architekturteile der Brücke sind teils von Marmor, teils von Granit hergestellt worden.

Die gesamte Ausführung der Brücke erfolgte in Regie durch den Ingenieur Butticaz der Stadt Genf.

Die Brücke ist nach ihrer Vollendung verschiedenen Belastungsproben unterworfen gewesen; ein Straßenbahnzug von 60 t Gewicht, die großen für die Genfer Ausstellung bestimmten Lokomotiven der Gotthard- und Jura-Simplon-Bahn mit 150 t Gewicht passierten nacheinander die Brücke, ohne daß die Beobachtungsinstrumente die geringste Bewegung der Bögen zu registrieren vermochten.

Donau-Brücke bei Inzigkofen[*] (Hohenzollern-Sigmaringen) von Leibbrand-Sigmaringen 1895, Taf. II, Fig. 1 bis 13. Die Brücke hat 43 m Spannweite und 4,46 m Pfeilhöhe; besonders charakteristisch ist hier die Verwendung von sichtbar bleibenden Kämpfer- und Scheitelgelenken aus Gußeisen, die auch in den Gewölbstirnen ausgesprochene Anschwellung der Gewölbdicke zwischen dem Scheitel und den Kämpfern und die angeordneten Vorkehrungen zur Ermöglichung von Bewegungen der Brücke bei Temperaturschwankungen. Die Brücke hat nur 3,8 m Breite zwischen den Geländern, sie dient einem sehr schwachen Straßenverkehr; die Fahrbahn hat vom Scheitel nach beiden Seiten 2 % Gefälle erhalten. Die Gründung konnte am rechten Ufer unmittelbar auf Felsen erfolgen, auf dem linken Ufer mußte auf festen Kies aufgesetzt werden.

Als Baumaterial wurde Beton gewählt, weil Kies, Sand, Kalksteinschotter und bester Cement zur Verfügung standen.

Die Brücke hat 3,6 m Gewölbbreite im Scheitel erhalten, welche gegen die Kämpfer auf 4,6 m zunimmt; die Widerlager sind als sogenannte „verlorene" der Drucklinie angepaßt worden; durch die Anordnung der Gelenke im Scheitel und den Kämpfern wurde die Brücke statisch bestimmt, und konnte dadurch die kleinsten Abmessungen erhalten, auch sind Senkungen beim Ausschalen und Temperaturbewegungen ohne Nebenspannungen möglich. Behufs der Fundamententlastung sind die Massen der Bogenzwickel in 36 Pfeiler aufgelöst, welche die Fahrbahn tragen, soweit letztere nicht auf dem Hauptgewölbe ruht; die Stützpfeiler sind der Länge der Brücke nach unter sich durch Halbkreisbögen verbunden und der Quere nach oben abgedeckt; die Stirnen der Gewölbzwickel sind bogenförmig anlaufend angelegt. Über den Scheitelgelenken ist die

---

[*] Zeitschr. f. Bauw. 1896, S. 279, mit Abb.

Fahrbahn durch Zores-Eisen unterstützt, auf den Ortspfeilern ruht die Fahrbahntafel mit den letzten Längsbogenhälften auf Rollenlagern.

Die Berechnung des Entwurfes erfolgte derart, daſs für jeden Querschnitt des Gewölbes die ungünstigste Lage und Gröſse der beweglichen Last und daraus die gröſste Inanspruchnahme des Querschnittes und dessen Abmessung bestimmt wurde. Als Verkehrslast wurde neben einer Dampfwalze von 15 t Gewicht, 2,775 m Radstand und 2 m Breite Menschengedränge mit 400 kg/qm, das specifische Gewicht des Betons zu 2,3 angenommen.

Mit genügender Annäherung wurde davon ausgegangen, daſs bei den vorliegenden flachen Bogen die Belastungsscheide dem Schnittpunkte der Kämpferreaktion mit der Mittellinie des Gewölbes entspreche; eine Einzellast erzeugt bekanntlich das gröſste positive Moment in einem bestimmten Querschnitte, wenn sie über demselben, das gröſste negative Moment dagegen, wenn sie dicht beim Scheitel steht; hienach ergeben sich die ungünstigsten Belastungsfälle folgendermaſsen:

1. Die Brücke ist bis zur Belastungsscheide rechts derselben mit Menschengedränge von 400 kg/qm belastet und die Dampfwalze steht unmittelbar mit ihrem Hinterrücken neben dem Scheitel rechts von demselben;
2. die Brücke ist links der Belastungsscheide mit Menschengedränge 400 kg/qm belastet und die Dampfwalze steht mit dem Hinterrücken über dem untersuchten Querschnitte, nach rechts oder links mit den Vorderrädern gerichtet, je nachdem man die Querschnitte links oder rechts der Bruchfuge untersucht.

Hiebei ist selbstverständlich vertikale Übertragung des Druckes der Dampfwalze auf ihre Länge und Breite stillschweigend vorausgesetzt worden, was insbesondere dann im allgemeinen nicht zutreffend sein wird, wenn nicht einzelne Pfeiler, wie bei vorliegender Brücke, die Verkehrslast auf das Gewölbe zu übertragen haben, sondern Mauern, welche ihrer Länge nach auf dem Gewölbe aufruhen und den Druck daher je nach ihrer Höhe auf beträchtliche Gewölblängen ausgleichend verteilen.

Nachdem durch das übliche Annäherungsverfahren eine der Drucklinie angepaſste Gewölbform bestimmt war, wurde das Eigengewicht der Brücke ermittelt und für eine gröſsere Anzahl von Querschnitten diejenige Lage der Verkehrslast gesucht, welche für den betreffenden Querschnitt die gröſste Beanspruchung hervorruft.

Die Drucklinie wurde zeichnerisch und analytisch bestimmt und zwar zur Vergleichung mit der sonst üblichen Berechnungsart auch für den Fall der Belastung einer Gewölbhälfte nur mit Menschengedränge von 400 kg/qm, also ohne Berücksichtigung der Einzellast der Dampfwalze und der Belastungsscheiden durchgeführt, und aus den hiebei gefundenen Zahlen der Schluſs gezogen, daſs es nicht zulässig sei, die Belastung nur einer Gewölbhälfte der Berechnung zu Grunde zu legen.

Es wurden Druckspannungen von 36,5 at und Zugspannungen von 1 at zugelassen und hienach ergab sich in bekannter Weise die Stärke der Bruchfuge zu 1,10 m; die Abmessungen der übrigen Querschnitte wurden so bestimmt, daſs die Inanspruchnahme gleichfalls nicht gröſser wurde. Die Form der äuſseren und inneren Leibung konnte hienach bestimmt werden.

Bemerkenswert ist, daſs die so erhaltene Mittellinie des Gewölbes sich sehr wenig von derjenigen entfernt, welche für gleichförmig verteilte Last von nur $\frac{400}{2}$ kg/qm erhalten wird.

Mit Rücksicht auf die Reibung in den Gelenken sind die Gewölbstärken im
Scheitel und Kämpfer um weniges über das theoretische Maß, auf 0,70 bis 0,78 m,
verstärkt worden. Die Berechnung der Widerlagerstärken geschah unter Zulassung einer
größten Kantenpressung auf der Fundamentsohle im Felswiderlager von 7,5 at, im
Kieswiderlager nur 3,6 at. Das linke Widerlager ist doppelt, das rechte 1,5 mal so
breit als der Gewölbscheitel angeordnet.

Für den Fall des Eintrittes eines Hochwassers bei weggerissenen Erddämmen und
Wirkung des Auftriebes des Wassers von der Höhe der Spundwandkrone an wurden die
Druck- und Stabilitätsverhältnisse der Widerlager gleichfalls untersucht.

Die gußeisernen Gelenkbolzen erleiden bis zu 283 at Druck, die Gelenkstühle
sind Biegungsspannungen bis 127 at ausgesetzt.

Die Ausführung der Brücke erforderte 4 Monate. Die Fundamentsohle der
linksseitigen Baugrube wurde mittels einer 22/22 cm großen gußeisernen Platte vor
dem Einbringen des Fundamentbetons einer Probelastung von 3,5 at unterworfen, wobei
sich in 18 Stunden nur 6 mm Einsenkung der Platte ergab.

Der zur Brücke verwendete Portland-Cement hatte durchschnittlich 7 Stunden
Bindezeit, 1 % Rückstand beim 900 Maschen-Sieb, 18 %, beim Sieb mit 5000 Maschen
auf das qcm. Die aus 1 Raumteil Cement und 3 Raumteilen Normalsand hergestellten
Probekörper besaßen nach 7 Tagen 18,2 at, nach 28 Tagen 22,71 at und nach 90 Tagen
25,85 at im Mittel Zugfestigkeit. An den Stirnseiten der Brücke ist Farbcement verwendet worden.

Der Beton wurde für alle Teile der Brücke von Hand hergestellt mit folgenden
Mischungen:

1. Für die Ortspfeiler aus 1 Raumteil Cement : 4 Raumteilen Sand : 8 Raumteilen
   geworfenem Donauskies;
2. für das linksseitige Fundament aus 1 Raumteil Cement : 3 Raumteilen
   Sand : 6 Raumteilen Molassekies mit ¼ Einlegsteinen Jurakalk;
3. für das rechtsseitige Fundament, die Pfeiler und Gewölbe unter der Fahrbahn
   aus 1 Raumteil Cement : 3 Raumteilen Sand : 6 Raumteilen Molassekies;
4. Hauptgewölbe und Fahrbahntafel aus 1 Raumteil Cement : 2½ Raumteilen
   Sand : ½ Raumteil Molassesand und 4 Jurakalkschotter;
5. Hauptgewölbe in Gelenkmitte aus 1 Raumteil Cement : 2 Raumteilen Sand :
   ½ Raumteil Molassekies und 2½ Jurakalkschotter;
6. unmittelbar am Gelenk aus 1 Raumteil Cement : 1½ Raumteilen Sand : ½ Raumteilen Molassekies und ⅞ Jurakalkschotter;
7. Außenseite des Betons aus 1 Raumteil Farbcement : 2 Raumteilen Sand.

Die mit solchem Beton hergestellten Probekörper ergaben folgende Festigkeitszahlen:

No.	Mischung					Alter Tage	Querschnitt qcm	specifisches Gewicht	Drucklast at
1 u. 2	1 Cement : 2½	Sand	: — Farbcement : 5 Schotter			213	494	2,34	259
3 u. 4	1 „ : 3	„	:	: 6 Kies		213	444	2,32	198
5 u. 6	1 „ : 1½	„	: ⅞	: ½ Schotter		160	408	2,25	259
7	1 „ : 2	„	: ½	: 2 „		170	638	2,29	224

Der Beton für die Widerlager wurde ganz im Trockenen eingebracht in Abteilungen, welche durch Schalbretter annähernd senkrecht zur Drucklinie abgegrenzt waren;
das Einstampfen geschah in horizontalen, höchstens 15 cm hohen Schichten.

Das Lehrgerüst ruhte auf 9 Pfahljochen zu je 4 Pfählen und stand auf Sandtöpfen; die Schalung bestand aus 6 cm starken Dielen; für die Kämpfergelenke waren Aufsattelungen auf den Kranzhölzern des Lehrgerüstes, mit den Lehrbögen verbolzt.

Die Auflagerplatten der Gelenke waren mit je 4 Ösen versehen, durch welche Schraubenbolzen gezogen wurden, um die Gelenkteile während des Versetzens und Betonierens in ihrer gegenseitigen Lage festzuhalten; dieselben wurden vor der Ausschalung entfernt, die Fugen der Bretterschalung der Gewölbstirne waren mit Gips verstrichen und darauf war Packpapier geklebt; die in den Gewölbstirnen angebrachten Ringe sind gegen Gipsmodelle betoniert worden.

Vor Beginn der Betonierung wurde das Lehrgerüst im Scheitel mit etwa 40 t beschwert; das Betonieren des Gewölbes erfolgte von den Kämpfern aus in 1 bis 1,3 m langen Absätzen in dünnen horizontalen Schichten; die Absätze reichten durch die ganze Gewölbbreite zwischen Brettertafeln, die normal zur Leibung standen.

An den Bruchfugen wurde ein Absatz von 1,2 m Länge offen gelassen und dann weiter gegen den Scheitel betoniert; sodann wurden die an den Widerlagern unter den Gelenken offen gebliebenen Räume und der Scheitel und zuletzt die Absätze an den Bruchfugen ausbetoniert. Das Betonieren des Gewölbes erforderte eine Woche Zeit.

Nach Vollendung der Ortspfeiler wurden die Pfeilerbogen über dem Hauptgewölbe, die kleinen Bögen und die Fahrbahntafel zwischen denselben betoniert; alle sichtbaren Teile der Brücke erhielten eine 10 bis 15 cm dicke Farbcementschicht vorgelegt.

5 Wochen nach Gewölbeschluß, bis zu welchem die Scheitelsenkung 43 mm betrug, wurde das Lehrgerüst abgesenkt mit weiteren 7,5 bis 7,7 mm Scheitelsenkung: die letztere hat stetig weitere Fortschritte gemacht und nach 4 Monaten ca. 80 mm erreicht; die Gesamtsenkung seit Gewölbeschluß beträgt sonach 47 mm. Reduziert auf 1° C. mit einem Temperatur-Ausdehnungskoeffizienten von 0,000008 würde die Senkung nur 32 mm betragen.

Die Probebelastung der fertigen Brücke mit einer leeren, 3500 kg schweren Pferdewalze ergab nur eine Scheitelsenkung von 0,6 mm; bei voller Walze mit 6500 kg Gewicht erhöhte sich die Einsenkung auf 0,9 mm.

Die Aufwendungen für die Brücke haben 29200 M. betragen oder auf 1 qm der Brückentafel zwischen den Kämpfern 175 M. Die gußeisernen Gelenke haben bei 15 t Gewicht je 2000 bis 3000 M. gekostet.

Die Kopke'schen Gelenke haben neuerdings auch bei Betonbrücken Verwendung gefunden, und zwar an der 1894 vollendeten viergleisigen Eisenbahnbrücke Dresden-Altstadt, ausgeführt von Dyckerhoff-Biebrich.[1] Die neben der Überbrückung der Elbe befindlichen 5 Inundationsbögen haben Korbbogenform und sind ca. 15 bis 31 m weit; sie ruhen auf sehr breiten Betonfundamenten im Verhältnis 1 Cement : 7 Kiessand : 9 Geschläg; die 6,5 m dicken Mittelpfeiler sind im Verhältnis 1 : 6 : 8 gemischt. Die beweglichen Kämpferfugen sind erst da angeordnet worden, wo die Fugenneigung etwa 60° erreicht. Die großen Bögen haben 1,10 m Scheitel- und 1,30 m Kämpferdicke und schwellen dazwischen bis auf 1,5 m Dicke an; die Gelenkstücke sind in den Kämpfern mit 2,50 m Halbmesser für die konvexe und mit 3,20 m Halbmesser für die konkave Fuge bearbeitet, sodaß die Fugendicke nach außen um 15 mm ansteigt; das Hohlstück wurde an Ort und Stelle auf provisorisch eingelegtem Widerlager im Verhältnis 1 : 2½ : 2½ 0,90 m hoch betoniert, während die konvexen Gewölbteile ebenfalls 0,90 m hoch in Stücken von 1 m Länge in demselben Verhältnis aus Betonquadern hergestellt wurden; in gleicher Weise wurden die Scheitelstücke als 0,90 m dicke, 1 m lange Betonquader ausgeführt und versetzt; zu beiden Seiten der letzteren und oberhalb der konvexen Betonquader am Kämpfer verblieben Schlitze von 0,50 m Breite leer, die erst zuletzt gleichzeitig mit Beton 1 : 5 : 5 ausgestoßen wurden, nachdem die zwischenliegenden Gewölbteile im Verhältnis 1 : 5 : 6½ ausgeführt waren.

---

[1] Landes-Gewerbeausstellung Nürnberg 1896.

Bei der kleineren Bogenöffnung sind die Gelenkquader aus festen Sandsteinen hergestellt worden, denen an den Kämpfern 0,80 m, im Scheitel 0,56 m Dicke gegeben worden ist; im übrigen wurde bei der Gewölbherstellung ebenso verfahren, wie bei den größeren Bögen.

Fig. 17. *Gelenke von der Eisenbahnbrücke Dresden-Altstadt (von Köpke).*

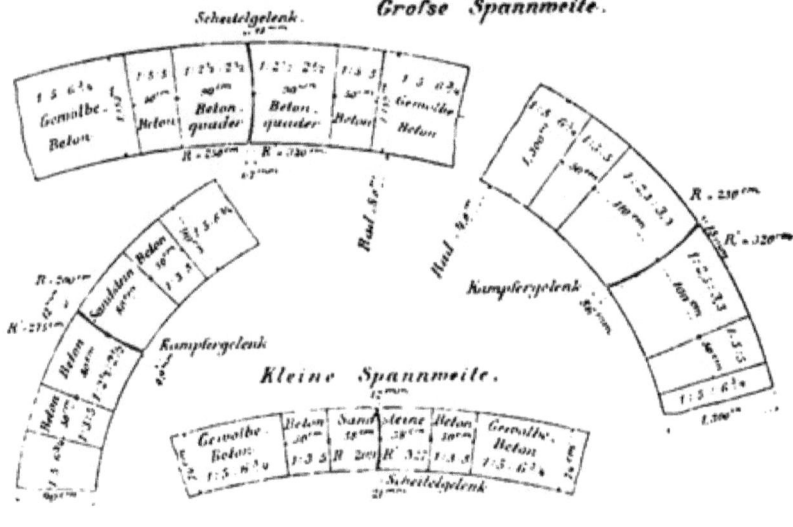

V. Betonbrücken mit Eiseneinlagen.

1. Monier-Brücken.

Die Zugfestigkeit des Betons wird nur zu etwa $^1/_{10}$ seiner Druckfestigkeit auf Grund der bis jetzt vorliegenden Versuchsergebnisse, welche indessen hinsichtlich der Erhebung der Zugfestigkeit noch keineswegs abgeschlossen sind, angenommen; es lag deshalb nahe, Betonkonstruktionen, bei welchen erhebliche Zugspannungen auftreten, durch Verbindung derselben mit dem zugfähigen Eisen zu verstärken; einer solchen Vereinigung von Beton und Eisen kommt es zu statten, daß beide Körper eine bedeutende Adhäsion — 40 at und darüber nach Bauschinger — haben und daß der Wärme-Dehnungskoefficient für beide Körper annähernd gleich groß ist. Durch Einfügen des Eisens in die Zug unterworfenen Teile der Betonkonstruktionen wird die letztere ganz erheblich entlastet und die Dimensionen der Beton-Eisenkonstruktionen, sowie der Fundamente werden hierdurch bei zunehmender Sicherheit derselben wesentlich kleiner. Von welch großer Bedeutung dies beim Bau von Brückenbogen sein muß, ist nabeliegend.

Schon seit geraumer Zeit hat deshalb auch die Verwendung des Monier-Systemes beim Brückenbau Eingang gefunden; das Gewölbe erhält hierbei eine Verstärkung

durch Eiseneinlage da, wo Zugkräfte eintreten, und zwar in Form von durchgehenden
runden Eisenstäben, welche unter sich wieder durch runde Querstäbe mittels Draht verbunden und in dem beabsichtigten Abstand gehalten sind. Bei wechselnder einseitiger
Belastung eines Gewölbes, bei welcher in der Nähe der gefährlichen Fugen die Zugspannungen bald in der inneren, bald in der äuseren Leibung auftreten, werden daher
zwei solche Einlageschichten, eine nahe der unteren und eine nahe der oberen Leibung
erforderlich werden.

Monier-Brücken auf der Lokalstrecke der K. K. priv. Südbahn-Gesellschaft (Österreich).[*]) Die K. K. Südbahn-Gesellschaft hat vorgängig dem Umbau von
10 gewölbten Bahnüberfahrten mit zu geringer Durchfahrtshöhe an der Strecke Liesing-
Felixdorf 1889 Versuche über die Tragfähigkeit und das Verhalten der Monier-Brücken
an einem Versuchsbogen von 10 m Spannweite, 1 m Pfeilhöhe und 4 m Breite auf dem
Bahnhofe Matzleinsdorf vornehmen lassen.

Die Gewölbstärke des Versuchsbogens betrug nur 15 cm im Scheitel und 20 cm
in den Kämpfern; der Beton (besser gesagt Cementmörtel) hatte auf 1 Raumteil Portland-
Cement 3 Raumteile Donausand; das verwendete Drahtgeflecht in der inneren Leibung
bestand aus 10 mm dicken Längs- und 7 mm dicken Querstangen; dasselbe wurde nur
2 cm von der inneren Gewölbleibung entfernt verlegt und im übrigen das Gewölbe in
4 cm dicken Schichten festgestampft; schon nach 14 Tagen wurde ausgeschalt und im
Scheitel eine 25 cm hohe Kiesschicht aufgebracht. Die Belastung mit den schwersten
3achsigen Lokomotiven bis zu 13 t Achsendruck erzeugte nur eine bleibende Senkung
von 1 mm und vorübergehende Senkungen bis zu 2 mm; die Zerstörung des Bogens
erfolgte erst bei einseitiger Belastung mit 10 t/qm und zwar durch das Ausweichen des
Widerlagers.

Bei den nachmals ausgeführten Bahnüberfahrten wurde die Rechnung derart
durchgeführt, dafs der reine Stampfbeton-Bogen (ohne Geflechtseinlage) die für Strafsen
I. Klasse vorgeschriebenen Belastungen noch mit voller Sicherheit zu tragen vermag,
dafs er also nicht nur den Axialkräften, sondern auch den auftretenden Biegungs-
momenten Widerstand zu leisten vermag, es wurde jedoch neben einem auf die ganze
Länge des Gewölbes durchlaufenden inneren Eisennetz noch eine ebensolche äufsere,
von den Kämpfern bis auf ¼ des Gewölbbogens reichende Eisennetzeinlage gemacht;
beide wurden so dimensioniert, dafs sie allein im Stande waren, die Biegungsmomente
und einen Teil der Axialkräfte aufzunehmen — eine auf ziemlich unsicherer Grundlage
ruhende Berechnungsweise.

Die Ausführung der Gewölbe erfolgte in Mörtel von 1 Raumteil Portland-Cement
auf 3 Raumteile rein gewaschenen Sand, wogegen die Widerlager und Fundamente im
Verhältnis 1 Cement : 4 Sand : 6 Schotter betoniert wurden. Das Eisennetz bestand aus
10 mm dicken Längs- und 7 mm Querstäben in 85 mm grofsen Maschen; die Längstäbe
gingen in einem Stück auf ihre ganze Länge durch und griffen 60 cm in die Widerlager ein, wodurch der Bogen als eingespannt wirken soll; Längs- und Querdrähte
waren durch leichte Bindedrähte verbunden. Der Arbeitsvorgang ist schon S. 17 beschrieben. Die Oberfläche des fertigen Gewölbes wurde glatt bearbeitet und gedichtet.
Die Ausschalung erfolgte 14 Tage nach der Vollendung des Gewölbes.

In ähnlicher Weise ist inzwischen eine grofse Zahl von Brücken zur Ausführung gelangt; von
ihnen seien nur kurz die folgenden erwähnt:

---

[*]) Centralbl. d. Bauverw. 1890, S. 15. — Wochenschr. d. österr. Ing.- u. Arch.-Ver. 1889, S. 404.

Brücken	Lichtweite m	Pfeilhöhe m	Scheitel dicke cm	Kämpfer dicke cm	Kosten M.
1891 Strafsenbrücke bei Ebhausen (Württemberg)	20,0	2,50	20	—	—
1890 Wildegg (Schweiz), schief unter 45° . . .	39,0	3,5	17	25	—
1893 Strafsenbrücke über die Saale im Kreis Ziegen-	13,6	1,8			
ruck	30,0	3,5	—	—	35 100
	12,0	1,8			
1892 Wegüberführung über die Eisenbahn Steckel-					
Conitz (Bromberger E.-D.)	13,8	3,85	20	—	7 590
1893 Saalach-Brücke bei Jettenberg (Bayern), zu-					
sammen 71 m lang	3 × 20	2,45	25	50	41 000

Den thatsächlich in Monier-Gewölben auftretenden Spannungserscheinungen trägt die Einlage von 2 Eisendrahtnetzen entlang beiden Leibungen, wie solche bei dem Versuchsbogen des österr. Ingenieur- und Architekten-Vereins (s. S. 17) verwendet wurden, eher Rechnung, als die früher übliche Anordnung mit nur einer Drahtarmierung entlang der unteren Leibung.

Berechnung der Monier-Gewölbe. J. A. Spitzer[*]) hat auf Grund der mehrerwähnten österreichischen Gewölbversuche an dem 23 m weiten Monier-Bogen von Purkersdorf untersucht, in welchem Verhältnis sich die inneren Spannungen im Bogen auf den Beton und die Eiseneinlagen verteilen, in welchem Mafse also die letzteren im Gewölbe mitwirken. Dieses Verhältnis wurde auf zweierlei Weise ermittelt und zwar zunächst aus den Formänderungen des Bogens in seinen jeweiligen Belastungsstadien und hernach aus den statischen Verhältnissen in denjenigen Querschnitten, in welchen die ersten Rifsbildungen entstanden, in denen also die Zugfestigkeit des Betons überwunden war.

Die Untersuchung ergab unter der zutreffenden Annahme, dafs wegen der innigen Verbindung zwischen Eisen und Beton die Längenveränderung und Verdrehung jeder Gewölbschicht für beide Materialien gleich sein mufs, dafs die Berechnung des Monier-Gewölbes so durchgeführt werden kann, als wenn das Gewölbmaterial ein gleichartiges von dem konstanten Elasticitätskoefficienten

$$E = E_0 \left[1 + \frac{J_i}{J} \frac{(E_i - E_0)}{E_0} \right]$$

wäre, worin E_0 den Elasticitätskoefficienten des Betons,

E_i „   „   „   Eisens,

J_i das Trägheitsmoment des Eisenquerschnittes,

J „   „   „   gesamten (Eisen- und Beton-) Querschnittes

bezeichnete.

Auf dem erstbezeichneten Wege, nämlich mittels rechnerischer Untersuchung der infolge der Belastung des Gewölbes auf seiner einen Hälfte eintretenden Vertikalbewegung der Mitte der unbelasteten Hälfte wurde gefunden:

für den Anfangszustand bis zur Grenze der ungefähren Proportionalitätsbelastung der Elasticitätskoefficient des Betons

$$E_0 = 145000 \text{ at und } \frac{E_i}{E_0} = 15,$$

für den kritischen Zustand dagegen, bei welchem der Beton rifs,

$$E_0 = 33500 \text{ at und } \frac{E_i}{E_0} = 65.$$

[*]) Jos. Ant. Spitzer, Berechnung der Monier-Gewölbe, 1896.

Wird dagegen die Zugfestigkeit des Betons so in die Rechnung eingeführt, wie sie auf Grund von Zugversuchen gefunden wurde, und zwar für die sogenannte kritische Belastung, bei welcher die ersten Risse im Beton eintraten (an einem Kämpfer, in der belasteten und unbelasteten Bogenhälfte), so wird $\frac{E_1}{E_2} = 76$ im Mittel, also ziemlich übereinstimmend mit der oben angeführten Zahl gefunden.

Es werden aus den Rechnungsergebnissen für den Versuchsbogen folgende, leicht zu verallgemeinernde Schlüsse gezogen:

„Die Theorie des elastischen Bogens ohne Kämpfergelenke kann mit voller Giltigkeit auf das Monier-System angewendet werden; zur Ermittelung der Normalkräfte und Biegungsmomente kann das Gewölbe aus gleichartigem ideellem Material bestehend angenommen werden.

Während die gemessene Zugfestigkeit des Betons nur ca. 20 at beträgt, so hat das ideelle Beton-Eisenmaterial Zugfestigkeiten bis 50 at, also mehr als das Doppelte ergeben. Das Verhältnis, in welchem sich die inneren Spannungen auf Eisen und Beton verteilen, wächst bei Annahme eines konstanten Elasticitätskoefficienten für Eisen in demselben Maße, wie die Inanspruchnahme des Gewölbmateriales und kann für den kritischen Belastungszustand (erste Rißbildung) zu $\frac{E_1}{E_2} = 70$ etwa angenommen werden.

Die Zugspannungen im Versuchsbogen haben beim kritischen Belastungszustand für Eisen erst 1300 at im Maximum neben 21,5 at Zugspannung im Beton erreicht, im Augenblick des Bruches war sonach das Eisen noch tragfähig; es bedeutet dies eine außerordentliche Erhöhung des Sicherheitsgrades der Monier-Gewölbe.“

Insolange über die Elasticitätskoefficienten, die bleibende und federnde Elasticität von Beton- oder Cementmischungen, wie sie bei Monier-Bauten üblich sind und zwar für Druck und Zug, genügende Versuchsergebnisse nicht vorliegen, wird indessen die Berechnung der Monier-Gewölbe noch manches zu wünschen übrig lassen; insbesondere ist hierbei zu beachten, daß die bleibende Dehnung und Stauchung des Betons von erheblichem Einfluß auf die Verteilung der inneren Kräfte zwischen Eisen und Beton sein wird.

---

2. Betonbrücken nach Wünsch.

Die Neutra-Brücke bei Ersekujvar (Ungarn).[*] Die Brücke ist nach dem System Wünsch aus Beton mit Eiseneinlagen hergestellt worden; die letzteren bestehen aus horizontalem Obergurt und bogenförmigem Untergurt aus ⊥- oder L-Eisen; die Träger werden auf die Sohle der Widerlager verankert, Querverbindungen fehlen, sie werden durch den Beton ersetzt.

Die 110 m lange Neutra-Brücke hat 6 Öffnungen von je 17 m Spannweite und nur 1,13 m Pfeilhöhe, 0,25 m Scheitelhöhe; bei 6 m Brückenbreite sind 13 Eisenträger mit wagrechtem Ober- und parabolischem Untergurt in Abständen von etwa 0,5 m eingelegt worden; dieselben sind nur in den Widerlagern mit den Fundamenten verankert, auf den Zwischenpfeilern liegen sie stumpf auf.

Die Berechnung der Brücke erfolgte in der Weise, daß angenommen wurde, es verteile sich bei ruhender symmetrisch aufgebrachter Last der im Scheitel auftretende Druck nur, und gleichförmig auf den Beton; der Maximal-Raddruck ist zu 3 t, das Durchschnittseigengewicht der Beton-Eisenkonstruktion zu 2400 kg/cbm angenommen; es sollen hierbei 28,8 at Inanspruchnahme für letzteren auftreten. Bei einseitiger Belastung wird auf die Wirkung der bogenförmigen Eisenträger gerechnet; denselben ist in ¼ der Spannweite eine Höhe von 33 cm gegeben worden und wird für sie hierbei eine größte Biegungsspannung von 408 at berechnet; für die Verankerung im Widerlager bei größter voller Belastung wird

---

[*] Zeitschr. d. österr. Ing.- u. Arch.-Ver. 1893, S. 305, mit Abb.

eine Inanspruchnahme von 642 at festgestellt; es ist indessen naheliegend, dafs diese Berechnungen nur Annäherungswerte darstellen können.

Im übrigen ist bezüglich der Ausführung der Brücke Folgendes erwähnenswert: Die Brückenpfeiler ruhen sämtlich auf Pfahlrost; der Beton wurde in einer Beton-Mischmaschine hergestellt, die aus zwei rotierenden Trommeln mit Mischarmen bestanden; bei 10 bis 15 Umdrehungen in der Minute sind täglich 120 bis 150 cbm Beton von grofser Gleichmäfsigkeit und Güte hergestellt worden. Unter Wasser wurde Beton im Verhältnis 1 Portland-Cement, 5 Roman-Cement und 30 Teilen Kiessand in Trichtern versenkt; über Wasser bestand der Beton der Fundamente aus 1 Teil Portland-Cement auf 10 Teile Kiessand; die Pfeiler sind zwischen der Schalung betoniert im Verhältnis 1 Portland-Cement zu 8 Kiessand und zwar in festgestampften Schichten von 20 cm Höhe. Die Gewölbschalung ist mit Teerpappe bedeckt worden; nach Aufstellen der Eisenkonstruktion der Bögen wurden dieselben mit Beton von 1 Portland-Cement zu 6 Kiessand 25 bis 30 cm stark umhüllt, der schichtenförmig eingebrachte Beton wurde hierbei, von den Kämpfern gegen den Scheitel fortschreitend, sowohl senkrecht zur Leibung als zur radialen Fuge gestampft; die Aufbetonierung der Gewölbzwickel geschah im Verhältnis 1:8; die Gewölbanlage hat eine Abdeckung mit doppelter Asphaltpappe erhalten.

Das Beton-Eisengewölbe blieb 30 Tage auf der Einrüstung; der Bau der 115 m langen Brücke, bei welcher 1029 cbm Beton und 40 t Eisen verwendet wurden, hat im ganzen nur 12 Wochen Zeit erfordert. Die Scheitelsenkungen haben bei der Ausschalung 2 bis 16 mm betragen. Die Brücke wurde nach ihrer Fertigstellung mit 400 kg/qm probeweise ruhend belastet; bei einseitiger Lage der Last haben die Durchbiegungen 1,8 mm, bei ruhender Vollbelastung 2,8 mm nicht überschritten; bei mobiler Belastung mit 2 je 6,5 t schweren Lokomobilen dagegen vorübergehend 3,5 mm erreicht; an den Pfeilern ist hierbei weder eine Senkung, noch eine seitliche Bewegung zu erkennen gewesen.

3. Melan'sche Betongewölbe in Verbindung mit eisernen Bögen.[*])

Die Erfolge des Beton-Eisenbaues werden gesucht in der grofsen Festigkeit des Eisens gegenüber jener des Betons, insbesondere auf Zug; ferner in der Verschiedenheit der Elasticitätskoefficienten — für Beton $\frac{1}{n}$ desjenigen für Eisen; weiter in der bedeutenden Adhäsion des Cementes am Eisen mit 40 at, also mehr als der Zugfestigkeit und endlich in dem nahezu gleichen Wärmeausdehnungs-Koefficienten beider Materialien.

Während das System Monier darauf beruht, dafs das Betongewölbe eine Verstärkung in der Form einer parallel zur Gewölbleibung liegenden Eiseneinlage erhält, besteht das Melan'sche System in einer Verbindung von Beton- und Eisenbögen. Es wird dabei davon ausgegangen, dafs das Betongewölbe sich wie ein elastischer Bogen verhalte, gerade so wie der Eisenbogen; nach Form und Gröfse müssen beide dieselben Bewegungen machen; infolge der Teilnahme der Eisenkonstruktion werden insbesondere die Biegungswiderstände von derselben aufgenommen und die Spannungen im Betongewölbe vermindert.

Gewölbe und Eisenrippen erhalten annähernd dieselbe Höhe, die Querschnittsform des Eisenbogens soll ein möglichst grofses Trägheitsmoment haben und erhält deshalb I-förmigen Querschnitt. Die Näherungstheorie des Systemes ist folgende: Die Formänderung eines elastischen Bogens ist näherungsweise der Gröfse $\frac{1}{E \cdot J}$ (E = Elasticitätskoefficient, J = Trägheitsmoment des Bogenquerschnittes) proportional, es verhalten sich daher die auf das Betongewölbe und die Eisenbögen entfallenden Anteile der getragenen Lasten wie die Produkte aus den Elasticitätskoefficienten und den Trägheitsmomenten beider Konstruktionsteile.

Ist

E_1 der Elasticitätskoefficient des Betons,

E_2 derjenige des Eisens,

d die Dicke des Betongewölbes,

a der Abstand zweier Eisenbögen,

$J_1 = \dfrac{d^3 \cdot a}{12}$ das Trägheitsmoment des zwischen zwei Eisenbögen enthaltenen Gewölbquerschnittes,

J_2 das Trägheitsmoment des Eisenrippenquerschnittes,

W und F das Widerstandsmoment und die Fläche desselben,

[*) Zeitschr. d. österr. Ing.- u. Arch.-Ver. 1893, S. 166.

so besteht das Verhältnis

$$\frac{\text{Lastanteil des Betons}}{\text{Lastanteil des Eisens}} = \frac{E_1 \cdot J_1}{E_2 \cdot J_2} = \frac{E_1 \cdot d^3 \cdot a}{12 \cdot E_2 \cdot J_2} = \mu,$$

bei $E_1 = 50000$ at und $E_2 = 2000000$ at, also $\frac{E_1}{E_2} = \frac{1}{40}$ wird

$$\mu = \frac{1}{480} \cdot \frac{d^3 \cdot a}{J_2},$$

auf das Betongewölbe entfällt der Anteil $\beta = \frac{\mu}{1+\mu}$, auf den Eisenbogen $\epsilon = \frac{1}{1+\mu}$.

Ist im gefährlichen Querschnitt P die auftretende Axialkraft, M das daselbst auftretende Biegungsmoment, so wird die größte Spannung im Beton

$$\sigma_1 = \beta\left(\frac{P}{d} \pm 6\, \frac{M}{d^2}\right)$$

und im Eisenbogen

$$\sigma_2 = \epsilon\left(\frac{P}{F} + \frac{M}{W}\right) a.$$

Ist f die Pfeilhöhe, l die Spannweite, H der Horizontalschub des Gewölbes, so wird

$$f_1 = f + \frac{15}{16} \cdot \frac{(d^3 \cdot a + 480\, J_2)}{(d \cdot a + 40\, F)f}.$$

Bei totaler Belastung mit q für die Flächeneinheit wird bei flachen Segment- und Parabelbögen

$$P = H = \frac{1}{8} \cdot \frac{q\, l^2}{f_1},$$

ferner werden die Momente

im Scheitelquerschnitt $M = \frac{1}{3} H(f_1 - f)$,

im Kämpferquerschnitt $M_1 = -\frac{2}{3} H(f_1 - f)$.

Bei totaler gleichmäßiger Belastung mit g und halbseitiger Belastung mit p für die Flächeneinheit wird

$$P = H = \frac{1}{8}\left(g + \frac{1}{2} p\right)\frac{l^2}{f_1}.$$

Der gefährliche Querschnitt liegt entweder im Kämpfer auf der belasteten Seite, oder wenn dort genügende Verstärkung oder Zwickelaussteifung vorhanden ist, in einem Punkte auf der unbelasteten Gewölbhälfte, annähernd $\frac{3}{16} l$ vom Scheitel abstehend. Für letzteren Querschnitt wird das Moment

$$-M = -\frac{9}{1024}\, p\, l^2 + \frac{2}{3}\, H(f_1 - f)$$

und im Kämpfer

$$-M_1 = \frac{1}{64}\, p\, l^2 + \frac{2}{3}\, H(f_1 - f)$$

Für ein Brückengewölbe von 12 m Spannweite, 1,4 m Pfeilhöhe, 20 cm Gewölbstärke und ebenso hohen Eisenrippen mit 37,1 qcm Fläche und 2402 Trägheitsmoment in 80 cm Abstand wird beispielsweise 36% der Last auf das Betongewölbe, 64% auf die Eisenbögen entfallen und unter Zugrundelegung eines Eigengewichtes von 2200 kg/qm, einer Verkehrslast von 1000 kg/qm werden die größten Inanspruchnahmen im Beton 4 at Zug und 16,2 at Druck, im Eisenbogen 875 at bei halbseitiger Belastung.

---

4. Dauerhaftigkeit der Beton-Eisenkonstruktionen.

Über die Dauerhaftigkeit der Beton-Eisenkonstruktionen liegen abschließende Erfahrungsergebnisse noch nicht vor. Der annähernd gleiche Wärmeausdehnungs-Koefficient für Eisen und Beton ist von günstiger Wirkung auf das ungestörte Beisammenbleiben von beiden Materialien, wenn das Eisen vollständig und in verhältnismäßig kleinen Teilen in den Beton eingebettet ist, wie bei Monier-Brücken; wo jedoch, sei es infolge andauernder Erschütterungen, oder aus Anlaß der Verschiedenheit der

Dehnungskoefficienten und insbesondere wegen der nicht unerheblichen bleibenden Dehnung des Betons bei häufig wechselnder Inanspruchnahme bleibende Dehnungen bezw. Stauchungen des Betons eintreten, ist bei der Verwendung von Beton-Eisenkonstruktionen immerhin Vorsicht geboten, wenn beachtet wird, dafs bei den grofsen, von Röbling erbauten Hängebrücken in Amerika[*]) die Erfahrung gemacht worden ist, dafs die mit Cementmörtel vergossene Hängebrücken-Verankerung zwar überall da unverändert blieb, wo sich keine Risse und Spalten durch Temperatur- und sonstige Bewegungen zwischen Eisen und Mörtel bildeten, dafs jedoch gegenteils beim Vorhandensein solcher Risse der Mörtel in der Umgebung derselben mit Eisenrost getränkt und die äufseren Drähte der Kabel vollständig verrostet waren.

VI. Lehrgerüste.

Im Bau, der Konstruktion und Berechnung der Lehrgerüste hat das letzte Jahrzehnt nur wenige Fortschritte zu verzeichnen; die Gerüste werden meist noch nahezu vollständig aus Holz gebaut und je nach den örtlichen Verhältnissen nach dem Ständer-, Streben- oder Sprengwerkssystem gebaut.

Die Verwendung des Eisens zu den Lehrgerüsten ist noch nicht weit vorgeschritten; bei den in Bayern ausgeführten Gewölbbrücken wird meist der untere Tramen der Lehrgerüstgebinde aus 2 ⊐-Eisen hergestellt, die durch L-Eisen derart miteinander verbunden sind, dafs Pfosten und Streben entsprechend angeschlossen werden können.

An der gewölbten Brücke bei Köpenik (S. 28) ist das Lehrgerüst vollständig als Fachwerkträger auf 4 Stützen aus Eisen hergestellt worden, an der Luther-Brücke in Berlin (S. 29) ist der mittlere Teil des Lehrgerüstes unter Verwendung von Blechträgern gebaut worden.

Auch die Ausführung der Brücken in einzelnen nebeneinander liegenden Abschnitten behufs der Ersparnis an Lehrgerüstkosten wird nur sehr selten angetroffen.

VII. Unterhaltung der Steinbrücken.

Gut gebaute, insbesondere sicher gegründete und gegen das Eindringen von Wasser in die Mauerwerkskörper vollständig gesicherte Steinbrücken erfordern wenig Unterhaltungsaufwand und Fürsorge und wurden bisher für unbegrenzt dauerhaft gehalten. Jahrhunderte alte Strafsenbrücken sind sprechende Zeugen hiefür.

Bei Eisenbahnbrücken wird dies neuerdings in Zweifel gezogen. Köpke-Dresden[**]) sagt, dafs man unter Eisenbahngleisen die den Steinbauten gemeinhin zugeschriebene Unverwüstlichkeit nicht erwarten dürfe; als Ursache der hier auftretenden Zerstörungen werden die Stofswirkungen der schweren und schnell fahrenden Eisen-

[*]) Über die Hängebrücken-Verankerungen. Engng. 1894. S. 833.

[**]) Centralbl. d. Bauverw. 1888, S. 350. — Civil-Ing. 1889, 35. Bd., 4. Heft, S. 264.

babnzüge und die Durchlässigkeit der Gleisbettung bezeichnet; die Masse der heutigen Steinbauwerke unter Eisenbahngleisen und ihre Überschüttungshöhen seien häufig zu klein. Man sollte daher beim Entwerfen steinerner Brücken sich nicht zu sehr an die Ergebnisse der Rechnung halten, da der Brücke weniger die Druckinanspruchnahme als ihre Beweglichkeit schade; sobald ein Zug auf die Brücke fahre, senke sich die zunächst belastete Gewölbhälfte und die entgegengesetzte steige empor; im nächsten Augenblicke kehre sich die Bewegung um und es sei nicht zu verwundern, wenn als Folge dieser Biegungen eine Lockerung des Verbandes, ein Bruch der Kanten der Gewölbquader und endlich der Bruch der Quader über und unter den Stofsfugen der Nachbarsteine eintrete. Kein Gewölbe unter Eisenbahngleisen sollte daher weniger als 60 cm Stärke, zur Vermeidung von Stöfsen aber eine entsprechend hohe Überschüttung und starken Oberbau unter Verwendung langer Schienen erhalten.

Zur Abhaltung des Tagwassers wird vollständige Bedachung der Brücken mit Rücksicht darauf vorgeschlagen, dafs die bisher in Anwendung gebrachten Mittel zum Schutze der Brücken gegen das durch die Gleisbettung dringende Wasser sich als nicht zureichend erwiesen haben.

Anderwärts hat man dagegen die Erfahrung gemacht, dafs sich mit den üblichen Mitteln zur Abdeckung der Brückengewölbe, in Asphaltfilz, mit und ohne Bleieinlagen, Tektolith u. dergl. eine vollständig sichere und dauerhafte Dichtung und Wasserabführung erzielen läfst, dafs es sonach einer Rückkehr zu den alten bedachten Brücken nicht bedarf.

VIII. Grundzüge für den Bau grofser Brückengewölbe.

Der „Gewölbe-Ausschufs" des österreichischen Ingenieur- und Architekten-Vereines macht am Schlusse der Mitteilungen über die in den Jahren 1891 bis 1893 in Purkersdorf gemachten Versuche an Bruchstein-, Ziegel-, Beton- und an Monier-Gewölben von 23 m Weite folgende Vorschläge in Betreff der Ausführung grofser Gewölbe."[)]

Die Berechnung hat nach der Theorie der elastischen Bogenträger zu erfolgen, wobei es genügt, nur zwei Belastungsfälle, nämlich die Belastung der ganzen und der halben Spannweite in Rechnung zu ziehen; die Verteilung der Wirkung grüfserer konzentrierter Lasten wäre durch Einschaltung einer möglichst hohen Schotterdecke (bei Eisenbahnbrücken 1 m) anzustreben.

Die Scheitelstärke kann bei Pfeilverhältnissen 1 : 2 bis 1 : 5 angenommen werden für Eisenbahn- und frequente Strafsenbrücken.

$l =$	30	40	65	80	100	120 m
$d =$	1,10	1,40	2,20	2,70	3,40	4,10 m

Die Stärke am Kämpfer soll bei Segmentbügen das 1,5-, bei Halbkreisbügen das 1,7fache betragen. Die geringste, noch zulässige Brückenbreite wird angenommen bei

$l =$	30	40	65	80	100	120 m	zu
zu $b =$	2,4	3,0	4,5	5,6	7,0	8,6 m	

") Zeitschr. d. österr. Ing.- u. Arch.-Ver. 1895, No. 20 bis 34.

Bei geringer Brückenbreite wird ein beiderseitiger Anzug der Brückenstirne von ¹/₁₀ empfohlen. Die zulässige Inanspruchnahme des Wölbmateriales auf Zug kann bei gefugtem Mauerwerk 1 bis 2 at, die Druckinanspruchnahme bei Gewölben von 30 bis 120 m wachsend mit ¹/₁₀ bis ¹/₄ der Druckfestigkeit des Wölbmauerwerkes angenommen werden; die Mauerwerkskörper sollten indessen in Prismen von nicht unter ¹/₄ qm Querschnitt erprobt werden.

Das Maß des Anhaftens von Mörtel an Stein kann mit 7 at vorausgesetzt werden. Bei Gewölben, die flacher als ¹/₄ sind, ist es notwendig, größere Inanspruchnahme zu gestatten; die Anwendung großer Quader und das Ausstopfen der Fugen mit erdfeuchtem Mörtel erhöht die Festigkeit.

Für Gewölbe von mehr als 40 m Spannweite werden Blöcke von mindestens 0,7 cbm Inhalt empfohlen; wo so große Quader fehlen, wären künstliche Steinblöcke zu formen, aus Bruchsteinen, Ziegeln oder Stampfbeton; zur Zeit ihrer Verwendung müssen dieselben indessen mindestens 200 at Druck- und 7 at Zugfestigkeit besitzen; das Einlegen von Eisenstäben in den Beton erhöht dessen Festigkeit.

Gewölbe von mehr als 40 m Spannweite sollen zur Erleichterung der Lehrgerüste in Ringen ausgeführt werden, bestehend aus großen Blöcken, die dann durch Übergreifungen miteinander in Verband zu bringen wären. Die Blöcke der ersten Schicht sind erst trocken auf 15 mm dicke Holzleisten zu versetzen und ist der ganze Gewölbring von möglichst vielen Stellen und mit erdfeuchtem Mörtel 1 Cement : 3,5 Raumteilen Sand fest auszustoßen. Das Aufbringen der Blöcke des ersten Ringes hat von mehreren Stellen aus so zu geschehen, daß das Lehrgerüst möglichst gleichförmig belastet wird.

Die Steine des zweiten Ringes werden in ähnlicher Weise versetzt, die Fugen jedoch sofort ausgestampft. Der Schluß des zweiten und der folgenden Ringe hat gleichfalls an einer größeren Zahl von Stellen gleichzeitig zu erfolgen.

Die Steine bedürfen keiner glatten Bearbeitung.

In Frankreich bestehen etwas andere Anschauungen hierüber, sie erhellen wohl am besten aus den Erörterungen, welche von C. Tourtay[*] darüber angestellt wurden, unter welchen Bedingungen man die Ausführung eines Bogens von 100 m Spannweite unternehmen könnte.

Es wird zunächst geraten, nur auf festen Felsen zu gründen, damit etwaige Ungleichheiten des Baugrundes dem Bauwerke nicht verhängnisvoll werden, auch wird eine Steigung für die Fahrbahn von beiden Enden gegen die Mitte der Brücke empfohlen. Um das Bauwerk thunlichst vorteilhaft zu gestalten, soll der mittlere Teil des Gewölbes — hiefür werden 64 m mit ¹/₈ Pfeil gewählt — möglichst leicht konstruiert werden, den gegen die Widerlager verlaufenden Gewölbteilen dagegen kräftige Masse gegeben werden, damit sich die über den Widerlagern befindlichen Gewölbteile wenig zusammendrücken und setzen.

Für gutes Baumaterial, welches, durch recht dünne Cementmörtelfugen verbunden, nicht unter 300 bis 350 at Druckfestigkeit aufweisen soll, wird 31 at Druckfestigkeit zugelassen und demgemäß bei einem nach der Stützlinie geformten Gewölbe für den 64 m weiten mittleren Gewölbteil eine Scheiteldicke von 1,40 m berechnet. Um die Temperatur- und sonstigen Bewegungen des Gewölbes nicht zu behindern, sollen Stahlgelenke zwischen Stahlplatten und besonders harten Steinen im Scheitel und in den Endpunkten des 64 m weiten Bogenmittelstückes eingelegt werden.

*) Génie civil 1892, S. 106, mit Abb.

Unter der Annahme von 35 m verfügbarer Pfeilhöhe für den 100 m weiten Bogen wird nun vorgeschlagen, die Widerlagsbögen beim Zusammentreffen mit dem Mittelstücke nach innen und aufsen etwa 0,4 m vorspringen zu lassen und denselben eine solche Form zu geben, dafs keine sogenannte Bruchfuge in ihnen entsteht.

Für die Lehrgerüste wird weitgehendste Festigkeit und Unveränderlichkeit verlangt. Das Einwölben soll derart erfolgen, dafs über den festen Stützen der Gerüste die Fugen erst zuletzt geschlossen werden; das Ausschalen des Gewölbes soll in zwei Perioden geschehen. Für die Wölbsteine wird, um recht dünne Mörtelfugen verwenden zu können, sorgfältigste Bearbeitung in den Fugen beansprucht.

Nach der Anschauung von Leibbrand-Stuttgart wäre dagegen beim Entwurfe und bei der Ausführung grofser, aus Stein oder Beton ohne Eiseneinlagen bestehender Brücken folgendermafsen vorzugeben: Baugrund von gleichmäfsiger Beschaffenheit und einer der zu erwartenden Druckinanspruchnahme vollständig genügenden Tragfähigkeit ist wohl die erste und wichtigste Voraussetzung für die Herstellung einer grofsen Gewölbbrücke; nicht selten kann durch weitgehende Erbreiterung der Fundamentflächen eine solche Verminderung des Flächendruckes herbeigeführt werden, dafs es einer künstlichen Befestigung des Baugrundes nicht bedarf.

Das zur Verwendung kommende Baumaterial ist in grofsen, der praktischen Anwendung möglichst entsprechenden Stücken auf seine Festigkeit und Elasticität zu prüfen. Je bedeutender die Dimensionen des auszuführenden Bauwerkes sind, desto höher kann mit der Inanspruchnahme gegangen werden; bei Beton darf jedoch diejenige specifische Inanspruchnahme nicht überschritten werden, für welche ein Wechsel in der Belastung noch bleibende Zusammendrückungen erzeugt. Zugspannungen sind bei massiven Brücken zu vermeiden, die gröfste Druckbeanspruchung für Mauerwerk und Beton darf $\frac{1}{10}$ bis $\frac{1}{8}$ der durch Versuche nachgewiesenen Bruchfestigkeit derselben betragen.

Die Einfügung von gelenkartigen Einlagen in massive Brücken ist empfehlenswert mit Rücksicht auf etwaige Nachgiebigkeit des Baugrundes, zur Verhütung von Rissen beim Ausschalen des Gewölbes, zur Erleichterung von Temperaturbewegungen und zur Erlangung bestimmter und zuverlässiger Grundlagen für die Berechnung der Brücke. Die Einlage von Weichwalzblei in die Kämpfer- und Scheitelfugen zwischen Beton- oder Steinquader ist insolange angängig, als hiebei unter Annahme eines gröfsten Flächendruckes in den Bleiplatten die Breite derselben nicht gröfser als etwa $\frac{1}{4}$ der Fugenbreite zu werden braucht.

Wo Bleiplatten als gelenkartige Einlagen nicht mehr ausreichen, sind eiserne Gelenke mit Drehzapfen in das Gewölbe einzulegen, die nach den für eiserne Gelenkbögen bestehenden Grundsätzen zu berechnen sind; die Träger, welche den Druck von den Drehzapfen auf die Steine oder den Beton des Bogens und der Widerlager zu übertragen haben, müssen so konstruiert werden, dafs sie mit Cementmörtel gefüllt und in denselben eingebettet werden können. Die Gelenke selbst sollen gegen den Einflufs von Luft und Wasser möglichst geschützt und zugänglich erhalten werden.

Die Ausführung der Gewölbe hat, wenn es sich nicht um eine ringförmige Gewölbanlage handelt, für Steingewölbe derart zu erfolgen, dafs die sämtlichen Quaderdurchbinder trocken auf Holzleisten versetzt und dafs die Fugen hernach möglichst rasch, gleichzeitig und satt mit feuchtem Cementmörtel gefüllt und angestofsen werden; die zu beiden Seiten der Gelenke befindlichen Quader werden erst zuletzt mit Cementmörtel hinterstofsen.

6*

Wenn das Gewölbe aus Mauerwerk oder Backsteinen hergestellt werden muß, so ist dasselbe in einzelnen Abteilungen, von künstlichen Widerlagern ausgehend und das Lehrgerüst möglichst gleichförmig belastend, so zu mauern, daß über den Stützpunkten (Pfosten und Streben) des Lehrgerüstes Schlitze offen bleiben; diese werden thunlichst gleichzeitig geschlossen und hernach die Steine zu beiden Seiten der Gelenke festgelegt.

Besteht das Gewölbe aus Beton, so werden auf der Schalung des Lehrgerüstes zwischen den Stirnverschalungen durch radiale Dieleneinlagen Kästen hergestellt, welche etwa die Gewölbdicke zur Länge in der Bogenrichtung haben; diese Kästen werden, von entsprechend vielen Stellen ausgehend, so, daß die Belastung des Lehrgerüstes eine möglichst gleichförmige bleibt, gefüllt, wobei je die zweite Zelle leer bleibt; das Einbringen des Betons erfolgt schichtenförmig, ca. 15 cm hoch unter kräftigem Einstampfen desselben. Ist so die Hälfte aller Kästen gefüllt, so werden in gleicher Weise die erstmals leer gebliebenen Fache mit Beton gefüllt, nachdem die Schalbretter in den Fugen beseitigt und die letzteren mit dünnem Cementmörtel gleichzeitig mit dem Einbringen des Betons angeworfen worden sind. Auch hiebei erfolgt die Festlegung der Gelenke, der Quader oder Betonkörper zur Seite derselben erst zuletzt.

Erhält das Gewölbe solche Abmessungen, daß die Lehrgerüste in einer Weise beansprucht würden, die entweder mit Rücksicht auf die Baugrundverhältnisse unzulässig erscheint, oder bei welcher der Aufwand für die Lehrgerüste unverhältnismäßig hoch würde, so muß das Gewölbe in einzelnen Ringen ausgeführt werden; die bisher übliche Methode, bei welcher in der Regel der zweite Ring auf den zuvor ausgeschalteten ersten Ring aufgesetzt, geschlossen und hernach der dritte Ring begonnen und geschlossen wird, hat den großen Nachteil, daß Ungewißheit darüber besteht, ob die einzelnen Ringe zusammen als ein gleichartiger elastischer Körper wirken; auch wenn die einzelnen Ringe unter sich verzahnt werden, wird diese Unbestimmtheit nicht behoben; es ist im Gegenteil zu erwarten, daß der erste Bogen weit höheren Beanspruchungen als die folgenden ausgesetzt ist. Diese Unbestimmtheit ließe sich dadurch beseitigen, daß die Ringe zunächst räumlich getrennt würden; es ließe sich dies bei Brücken mit und ohne Gelenke etwa in folgender Weise bewerkstelligen: Der erste Ring wird auf dem Lehrgerüst in der oben dargestellten Art eingewölbt und nach vollständigem Erhärten ausgeschalt. Nun wird auf dem ersten Ring eine Schichte feucht zu haltenden Sandes etwa 15 cm hoch aufgebracht und nach der unteren Leibung des zweiten Ringes zwischen Stirnbrettern abgeglichen und festgeschlagen; auf dieser Sandschicht wird der zweite Ring aufgesetzt, unter möglichst gleichförmigem Fortschritte der Arbeiten über die ganze Länge des ersten Ringes; ist auch der zweite Ring geschlossen — in gleicher Weise, wie dies beim ersten Ringe geschehen ist - - und ist er genügend erhärtet, so wird der Sand, von den Kämpfern aus beginnend, mittels eines starken Wasserstrahles ausgespült, bis der zweite Ring frei ist. Ein dritter und jeder weitere Ring kann ebenso hergestellt werden; erhält die Brücke eine große Breite, so könnte sie in einzelnen nebeneinander liegenden Teilen ausgeführt werden, was zwar, wie das ganze Verfahren selbst, mit einer Verlängerung der Bauzeit, aber zugleich mit Ersparnissen an den Herstellungskosten der Lehrgerüste verbunden sein würde. Jeder der frei übereinander liegenden Ringe ist derart zu dimensionieren, daß er nicht nur $\frac{1}{2}$, $\frac{1}{3}$ u. s. w. des gesamten Eigengewichtes der Brücke und der zufälligen Last in ihrer ungünstigsten Verteilung, sondern auch das Eigengewicht von 2 Ringen, gleichförmig verteilt, zu tragen vermag; der oberste Ring dagegen hat nur sein Eigengewicht und den auf ihn fallenden Anteil des darauf ruhenden Brückengewichtes und der zufälligen Last zu tragen, er ist sonach weniger beansprucht als die unterhalb liegenden Ringe. Hieraus und aus der gröfsten zulässigen Materialbeanspruchung kann Form und Abmessung jedes Ringes bestimmt werden.

Sind sämtliche Ringe fertig, so wird der Zwischenraum zwischen denselben zuerst von der Sandeinlage befreit und hierauf senkrecht unter den über dem obersten Ringe aufsetzenden Pfeilern der in der Regel bei grofsen Brücken vorhandenen Entlastungsgewölbe mit festgestofsenem Beton satt gefüllt, sodafs die einzelnen Ringe die über sie kommenden Lasten gleichmäfsig aufnehmen. Erst jetzt kann mit dem Aufmauern des weiteren Aufbaues der Brücke begonnen werden. Es ist wohl selbstverständlich, dafs die zwischen den einzelnen Ringen in den Gewölbstirnen verbleibenden Hohlräume auch geschlossen werden können.

Auch die Temperaturbewegungen werden bei den einzelnen Ringen senkrecht parallel laufende gleiche Gröfsen annehmen, wenn Form und Gröfse derselben genau gleich sind, was ausgeführt werden kann.

Bei sehr flach gesprengten grofsen Brücken werden sich für die Lehrgerüste meist Ständerkonstruktionen aus Holz mit Ersatz des unteren Tramens durch Walzeisen als das Vorteilhafteste erweisen, wenn die Ständer sicher fundiert werden können; hiebei werden jedoch die Widerlager erst dann geprefst, wenn die erste Gewölbausschalung vollzogen worden ist; bei langen Widerlagern und nicht sehr festem Baugrund kann dies die Folge haben, dafs sich die Widerlager infolge ihrer und des Baugrundes Kompression horizontal seitlich bewegen, was bei Brücken ohne Gelenke zum mindesten die Rechnungsgrundlagen in nachteiliger Weise beeinflussen, unter Umständen dem Gewölbe selbst gefährlich werden kann. Würde das Gewölbe auf einem Sprengwerk oder einem Zweigelenkbogen, deren Fufspunkte an die Gewölbwiderlager zu verlegen wären, aufgebracht, so entstände schon hierdurch eine sehr beträchtliche Pressung im Widerlager durch das Eigengewicht des Lehrbogens und des Gewölbes, und spätere Verschiebungen der Widerlager wäre hiermit teilweise begegnet. Es ist selbstverständlich, dafs derartige Konstruktionen nur in Eisen ausgeführt werden können, sie werden, wie vergleichende Berechnungen gezeigt haben, dann noch wirtschaftlich sein, wenn die Ausführung des Gewölbes nicht auf die ganze Breite auf einmal, sondern mittels seitlichen Verschiebens der eisernen Lehrgerüste in einzelnen Abschnitten nebeneinander erfolgt. Der erheblichen Ausdehnung der eisernen Lehrgerüste bei steigender Temperatur in den etwa von der Sonne beschienenen Teilen kann durch entsprechendes Verhängen mit Tüchern u. dergl. begegnet werden.

Das Ausschalen der Brücken sollte erst erfolgen, wenn der verwendete Cementmörtel oder Beton die erforderliche Festigkeit erlangt hat; Brücken aus Stein werden im allgemeinen früher ausgeschalt werden können als Betonbrücken, bei welchen die grofsen Mörtelmassen erfahrungsgemäfs längere Zeit zum Erhärten brauchen als dünne Mörtelfugen. Früher als 4 Wochen nach Gewölbschlufs sollten auch Steinbrückenbögen nicht freigelegt werden, bei Betonbögen empfiehlt es sich, mit Probekörpern, welche zur Zeit des Wölbens aus dem zum Gewölbe verwendeten Beton angefertigt worden sind, Festigkeitsversuche anzustellen und hiernach über die Zeit des Ausschalens Entscheidung zu treffen; bei Betonbrücken, die in heifser Jahreszeit hergestellt werden, erfolgt das Erhärten weit rascher, als bei den in nasser, kalter Jahreszeit gebauten.

Der Aufbau der Brücken über dem Gewölbe geschieht bei flachen Bögen von mäfsiger Weite und gutem Baugrund am besten mit voller Mauerung oder Betonierung zwischen den vollen Stirnmauern, die Druckübertragung von der Brückenoberfläche auf das Brückengewölbe wird hierbei am vorteilhaftesten. Bei ebensolchen Bögen jedoch, bei welchen der Fundamentdruck und der Seitenschub möglichst vermindert werden sollen, ist die Anlage von Spargewölben parallel zu den Stirnmauern oder von zellenförmigen Hohlräumen zwischen den Gewölbstirnen angezeigt, bei beiden Anordnungen wird die Druckübertragung auf das Gewölbe auf gröfsere Flächen ausgeglichen. Bei hohen grofsen Bögen dagegen wirken volle Stirnmauern unvorteilhaft und die Entlastung erfolgt mittels Gewölben, welche senkrecht zu den Gewölbstirnen gelegt werden und die auf durchlaufenden Mauer- oder auf Einzelpfeilern aufruhen.

Bei Gewölben mit und ohne Gelenkeinlagen mufs zur Verhütung von Rissen über dem Scheitel und besonders über den Kämpfern durch Anlage offener, bis zur Fahrbahn reichender Schlitze dafür Vorsorge getroffen werden, dafs die Temperaturbewegungen des Gewölbes ohne Zwang erfolgen können; durch entsprechend anzuordnende Vorsprünge können die Temperaturschlitze leicht verdeckt werden. Den Stirnen grofser Brückenbögen ist ein angemessener Anlauf zu geben. Die Überschüttungshöhe der Gewölbe ist für Eisenbahnbrücken zur Verhütung von Stofswirkungen reichlich zu wählen.

Die Abwässerung der Brückengewölbe hat sorgfältig auf Cementmörtel-Verputz und Asphaltfilz mit oder ohne Bleieinlagen, Tektolith oder ähnlichen Materialien zu erfolgen; die Abführung des Sickerwassers durch die Pfeiler zum niedersten Flufs- oder Grundwasserspiegel ist der Abwässerung durch Ausgufsröhren vorzuziehen.

Die Berechnung der Brückenbögen hat nach der Theorie der elastischen Bogenträger zu erfolgen; die Form des Gewölbes ist der Drucklinie für gröfste, gleichförmig verteilte Belastung anzupassen und die Gewölbdicken sind so zu bemessen, dafs Zugspannungen vermieden werden und dafs die gröfsten Inanspruchnahmen bei ungünstigster Belastung in allen Querschnitten annähernd gleich grofs, entsprechend der zulässigen Inanspruchnahme des verwendeten Materials werden; für Gelenkbrücken wird hierbei die Gewölbdicke zwischen Scheitel und Kämpfern am gröfsten. Die Berücksichtigung der Einzellasten ist hierbei nicht erforderlich, wenn die zufällige Belastung für die Flächeneinheit der Brücke genügend grofs gewählt wird.

Die zweckmäfsigste Lage der Kämpfergelenke mufs insbesondere bei hohen Gewölben durch Versuche so bestimmt werden, dafs die Kosten des Gewölbes samt denjenigen der Widerlager am kleinsten werden.

IX. Litteratur.

1. Theoretische Untersuchungen.

Theorie der parabolischen und elliptischen Bógen, von H. Haase. Allg. Bauz. 1883, 1884, 1885, in einer Reihe von Aufsätzen.

Das Entwerfen und die Berechnung der Brückengewölbe, von Tolkmitt. Zeitschr. f. Bauw. 1885, S. 265.

> Die Untersuchungen werden zeichnerisch und rechnerisch in sehr einfacher Weise geführt.

Der elastische Bogen, von Prof. W. Ritter. 1886.

> Die Berechnungen der elastischen Formänderungen erfolgen für Bogen mit und ohne Gelenke mit Hilfe der graphischen Statik.

Der Brückenbau, herausgegeben von Dr. Th. Schäffer und Ed. Sonne, 1886. 1. Abteilung vom II. Bande des Handbuchs der Ingenieurwissenschaften.

Mittel gegen das Setzen der Gewölbe, von G. Roth. Deutsche Bauz. 1888, S. 302.

> In Mexiko treibt man Buchenholzkeile, etwa 4 cm stark, 12 cm breit, 15 cm hoch in die Fugen ein, wenn die Steine versetzt werden. Ist dies geschehen, so wird mit sehr dünnem Mörtel ausgegossen.

Der elastische Bogen unter dem Einfluſs von Kräften beliebiger Richtung, von Ingenieur Gust. Mantel. Schweiz. Bauz. 1888, S. 98.

Über die Verwendung von 3 Gelenken in Steingewölben, von Köpke. Zeitschr. d. Arch.- u. Ing.-Ver. zu Hannover 1888, S. 374.

Praktische Konstruktion von Drucklinien in Kreuz- und Sterngewölben, von Hacker. Zeitschr. d. Arch.- u. Ing.-Ver. zu Hannover 1889, S. 160.

Spannungen in Kreuz- und Sterngewölben, von Hacker. Zeitschr. d. Arch.- u. Ing.-Ver. zu Hannover 1889, S. 469.

Probe mit einem nach Moniers Bauweise hergestellten Drückengewölbe. Wochenschr. d. österr. Ing.- u. Arch.-Ver. 1889, S. 404.

Die Stärke der Zwischenpfeiler gewölbter Brücken. Centralbl. d. Bauverw. 1889, S. 464, mit Abb.

> Dyrssen will die ungünstigsten, gleichzeitig möglichen Annahmen der Berechnung zu Grunde legen; es wird angenommen, daſs mit Verkehrslast besetzte Gewölbe sei vollständig erhärtet, habe also eine mittlere Stützlinie, während das nur mit dem Eigengewicht wirkende Nachbargewölbe noch preſsbare Mörtelfugen habe, also die Minimalstützlinie zeige.

Einfache Formel für durch Brückenpfeiler verursachten Aufstau, von Prof. Dr. R. Mehmke. Civilingenieur 1889, S. 623.

Die räumliche Mitteldrucklinie, und über Druckverteilung in Gewölbfugen, von Ingenieur Dr. Seipp. Civilingenieur 1890, S. 565.

Zur Berechnung des Bogens mit 2 Gelenken, von Müller-Breslau. Centralbl. d. Bauverw. 1890, S. 234.

Ziegelsteingewölbe aus verzahnten Ringen, von Bräuler. Centralbl. d. Bauverw. 1890, S. 263.

Versuche mit Gewölben aus verschiedenen Baustoffen, von J. Melan. Centralbl. d. Bauverw. 1890, S. 449.
     Kündigt die demnächstige Vornahme einer Reihe von Versuchen an Brückengewölben und Gewölben von Hochbaukonstruktionen an.

Zur rechnungsmäßigen Ermittelung der Biegungsspannungen in Beton- und Monier-Konstruktionen, von Melan. Zeitschr. d. österr. Ing.- u. Arch.-Ver. 1890, S. 223.

Der flache Korbbogen in statischer und ästhetischer Hinsicht, von Dyrßen. Deutsche Bauz. 1891, S. 467, 479.

Winke für die Untersuchung von statisch unbestimmten Tonnengewölben auf ihre Stand sicherheit, von Hofmann. Deutsche Bauz. 1891, S. 549.

Theorie der gewölbten Bögen, mit besonderer Rücksicht auf den versteifenden Einfluß der Übermauerung und Überschüttung. Zeitschr. f. Bauw. 1892, S. 73, mit Abb.
     Der Gleichgewichtszustand eines Bogens, welcher nur Druck in der Achsenrichtung hat, wird untersucht; hierauf werden die Stützlinienbögen mit überall gleichbleibendem Horizontalschub und die Bögen mit durchweg gleicher Inanspruchnahme behandelt.
     Die Druckverteilung im Bogenquerschnitt, der Einfluß von Einzellasten, von schiefen Lasten auf übermauerte und überschüttete Bögen, die Scher- und Zugfestigkeit des Mauerwerkes werden besprochen.

Die Theorie der gewölbten Bögen, mit besonderer Rücksicht auf den versteifenden Einfluß der Untermauerung und Überschüttung, von H. Gnauke. Zeitschr. f. Bauw. 1892. S. 73.

Zur Theorie des Baugrundes, von Engesser. Centralbl. der Bauverw. 1893, S. 306.

Einiges über Standfestigkeit der Gewölbe, von Hacker. Deutsche Bauz. 1894, S. 510.

Über die Berechnung der Brückenauflager, von Weyrauch. Zeitschr. d. Arch.- u. Ing.-Ver. zu Hannover 1894, S. 131.

Die statische Berechnung der Kuppelgewölbe, von Autenrieth. Berlin 1894.

Über die Berechnung großer gewölbter Brücken, von S. Kulka. Zeitschr. d. österr. Ing.- u. Arch.-Ver. 1894, S. 365.

Die Konstruktionen in Stein, von G. Wanderley. Fulda 1895.

Bericht des „Gewölb-Ausschusses" des österreichischen Ingenieur- und Architekten-Vereins. Wien 1895.

Elasticitätstheorie der nach der Stützlinie geformten Tonnengewölbe, von H. Müller-Breslau. Zeitschr. f. Bauw. 1886, S. 273.

Leitfaden für das Entwerfen und die Berechnung gewölbter Brücken, von Tolkmitt. Berlin 1895.

Die Stabilität der gemauerten Bögen. von M. Tourtay. Ann. des ponts et chaussées 1886 I, S. 857.
     Bespricht die Theorien über Berechnung der Gewölbe von Durand-Claye und Laterrade.

Die Widerstandsfähigkeit der gemauerten Bögen, von M. A. Crepin. Ann. des chaussées 1887 I, S. 689.
     Der Verfasser behandelt die Bestimmung der Druckkurve, welche in einem Gewölbe sowohl infolge der permanenten als der darüber rollenden Lasten entstehen. Er geht dabei von der Annahme aus, daß die Druckkurve in einem Gewölbe sich derart gestalten müsse, daß die größten relativen Pressungen in den meist beanspruchten Fugen gleiche Größe erhalten, und daß die molekulare Inanspruchnahme des Materiales hierbei ein Minimum werden müßte.

Bestimmung der wirklichen Pressungen in flachen, nach der Kettenlinie geformten Gewölben, von M. Tourtay. Ann. des ponts et chaussées 1888 I, S. 583.
     Es werden Untersuchungen insbesondere darüber angestellt, wie sich die Druckkurve nach dem Ausschalen des Gewölbes teils infolge des Wechsels der Belastungen, teils der Temperaturschwankungen gestaltet; besonderen Schwierigkeiten begegnet die befriedigende Lösung der Untersuchung hierbei wegen der Unsicherheit hinsichtlich des Verhaltens der Widerlager und Fundamente beim Ausschalen.

Über die Verteilung der Spannungen in einem Mauerkörper, von Oberingenieur Pelletreau. Ann. des ponts et chaussées 1889 I, S. 513.

Veränderlichkeit der Pressung in Gewölben mit Veränderung der Scheiteldicke, von M. Tourtay. Ann. des ponts et chaussées 1889 I, S. 710, mit Abb.

Die Beziehungen zwischen Veränderung der Scheiteldicke und der Pressung daselbst

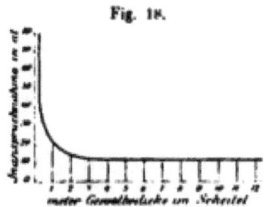

Fig. 18.

werden für Gewölbe in Ketten- und Kreisform untersucht und hierfür allgemein giltige, keineswegs einfache Formeln aufgestellt; für eine 40 m weite, nach der Kettenlinie gebaute Brücke mit ¹/₄ Pfeilhöhe wird die Beziehung auch graphisch dargestellt; bei den üblichen Belastungs- und Eigengewichtsverhältnissen tritt hiebei die kleinste Inanspruchnahme in der Scheitelfuge mit 13 at bei Scheitelstärken von 5 bis 6 m ein, von da ab nimmt die Scheitelpressung bei zunehmender Fugenstärke langsam, aber stets zu.

Über die Bestimmung der Krümmungs-Mittelpunkte eines Korbbogens, von H. Dubois und F. Gossot. Ann. des ponts et chaussées 1890 II, S. 145.

Berechnung parabolischer flacher Bogenkonstruktionen, von M. Ed. Collignon. Ann. des ponts et chaussées 1890 I, S. 385.

Inanspruchnahme und Biegung der parabolischen Stichbögen werden allgemein berechnet für flachere Bogenformen, als solche mit ¹/₄ Pfeilhöhe; die Anwendung auf Dimensionierung wird nur für eiserne Brücken gemacht.

Vorentwurf zu einer steinernen Gewölb-Bogenbrücke von 100 m Spannweite. Génie civil 1892, S. 106, mit Abb.

Die Möglichkeit der Ausführung eines derartigen Bauwesens, das 1,40 m Scheitelstärke erhalten müßte, wird nachgewiesen.

Berechnung der parabolischen Bogen von grofser Spannweite, von M. Belliard. Ann. des ponts et chaussées 1893 II, S. 759.

Es werden die Reaktionen in den Kämpfern für verschiedene Belastungsarten untersucht.

Versuche über die zulässige Belastung der Walzen für Brückenauflager, von Deslandres. Ann. des ponts et chaussées 1893 I, S. 1160.

Der Verfasser hat durch Versuche ermittelt, welchen Druck verschiedene Walzen zu ertragen vermögen, bevor die Formänderung aufhört, im Verhältnis zur Belastung zu stehen. Bei einer Gufseisenwalze zwischen Gufsplatten blieb die Proportionalität bei 44 at der Fläche $2 r l$ ($r =$ Halbmesser, $l =$ Länge der Walze) bestehen; die Walze veränderte hierbei nur $\frac{1}{30000}$ ihres Halbmessers; es wird angeraten, nur 22 at anzuwenden.

Hierzu Weyrauch: Über die Berechnung der Brückenauflager. Zeitschr. d. Arch.- u. Ing.-Ver. zu Hannover 1894, S. 131 u. 571.

Vergleichende Studie über den Widerstand von Bögen nach der Parabel- oder Kettenlinie bei gleicher Spannweite und Pfeilhöhe, sowie gleicher ruhenden und beweglicher Belastung, von J. M Belliard. Ann. des ponts et chaussées 1895 II, S. 415.

Der Verfasser kommt zu dem Schlusse, dafs der parabolische Bogen hinsichtlich der Widerstandsfähigkeit allen anderen Formen überlegen ist, und dafs man nicht anstehen sollte, ihn überall da anzuwenden, wo die Pfeilhöhe des Bogens mehr als ¹/₄ der Spannweite beträgt; der parabolische Bogen verändert seine Form am wenigsten, es ist sonach der widerstandsfähigste und der am meisten ökonomische.

Die auf Gelenken ruhenden und die eingespannten Bögen, von M. Souleyre. Ann. des ponts et chaussées 1895 I, S. 618, mit Abb.

Der Verfasser untersucht rechnerisch den ökonomischen Wert des vollständigen oder teilweisen Einspannens der Bögen an den Kämpfern für Ketten- und Parabelform; er kommt für flache Bögen von nicht mehr als ¹/₄ Pfeilhöhe zu dem Schlusse, dafs das Einspannen hinsichtlich der Inanspruchnahme der Bogen durch Temperaturschwankungen ungünstig wirke, dafs dagegen beträchtliche Materialersparnis in Bezug auf die Wirkung von Einzellasten erzielt werde; die theoretisch beste Lösung ergebe sich für halb eingespannte Bögen.

Berechnung eines Bogens mit 3 Gelenken auf Einzellasten. Journal of the Franklin Institute 1892, S. 292 u. 1893, S. 45.

Formänderung der gedrückten Gewölbe, von Ch. Maurel. Nouv. annales de la constr. 1894, S. 105.

> Annähernde Berechnung der durch Senkung des Fundamentes, Zusammendrückung des Baumaterials entstehenden Biegungen symmetrisch belasteter Gewölbe.

Zeichnerische Standsicherheits-Untersuchung statisch unbestimmter, symmetrischer Tonnengewölbe mit symmetrischer Überfüllung und gleichmäßig verteilter Verkehrslast. Deutsche Bauz. 1895, S. 557.

Erprobung von Gewölben in Österreich, Besprechung derselben. Centralbl. d. Bauverw. 1895, S. 477.

Zum Bau gewölbter Brücken, von Kreuter. Centralbl. d. Bauverw. 1895, S. 347.

> Es wird Bruchsteinmauerwerk für Gewölbbau empfohlen.

Anwendung von Bruchstein-Cement-Bauweise bei Eisenbahnbrücken, von Janensch. Centralbl. d. Bauverw. 1895, S. 397.

> Die einschlägigen Bauten von Liebold & Co. in Holzminden an der Bahn Ilsenburg-Harzburg werden als sehr wirtschaftlich geschildert.

Sollen wir vorzugsweise steinerne oder eiserne Brücken bauen? von Dr. Fritzsche. Civilingenieur 1895, S. 223.

> Die Steinbrücken sind den eisernen überall da vorzuziehen, wo sie nicht zu unbequem oder zu teuer werden.

Über steinerne Brücken, von R. Moser. Schweiz. Bauz. 1895, S. 146.

> Die Berechtigung der Annahme höherer Festigkeitszahlen für große Steinbrücken wird nachgewiesen.

2. Brückenbaumaterialien.

Der Einfluß der Fugen auf die Bruchfestigkeit des Mauerwerkes, von M. Tourtay. Ann. des ponts et chaussées 1885 II, S. 582.

Zulässige Belastung von Blei gegenüber Druckbeanspruchungen, von C. v. Bach. Zeitschr. d. Ver. deutscher Ing. 1885, S. 629, mit Abb.

Bruchfestigkeit teilweise belasteter Steine, von M. Flamant. Ann. des ponts et chaussées 1887 II, S. 230, mit Abb.

> Auf Grund von Versuchen wird dargestellt, in welcher Weise sich Würfel, Prismen und Cylinder von Stein und Cement verhalten, welche nur auf einen Teil ihrer Oberfläche einem centralen Druck ausgesetzt sind.

Druckfestigkeit von Mauerwerkskörpern, von Rheinhardt. Centralbl. d. Bauverw. 1888, S. 535.

Mitteilungen aus dem mechanisch-technischen Laboratorium der Technischen Hochschule zu München, von Bauschinger. Heft 18 u. 19, 1889.

> In Heft 18 werden zahlreiche natürliche und künstliche Steine auf Elasticität, Festigkeit und Abnutzbarkeit untersucht; der Einfluß von Beilagen (Blei) auf die Druckfestigkeit wird festgestellt.
> In Heft 19 wird die Frostbeständigkeit einer großen Zahl von Bausteinen untersucht.

Die natürlichen Gesteine, von Krüger. Wien 1889.

Wirkliche Tragfähigkeit eingerammter Pfähle. Engineering News 1893 I, S. 171.

> Nach den Ergebnissen bei ausgeführten Bauwerken unter Berücksichtigung der verschiedenen Bodenarten.

Das Mauern bei Frostwetter. Deutsche Bauz. 1893, S. 108.

Versuche über die Elasticität von Beton, von C. v. Bach. Zeitschr. d. Ver. deutscher Ing. 1895, S. 489, mit Abb.

> Die Versuche sind mit cylindrischen Körpern von 250 mm Durchmesser, 1000 mm Höhe und 750 mm Meßlänge angestellt worden, mit 2 Cementsorten und 6 verschiedenen Mischungsverhältnissen.

Über die Grenze der Bruchbelastung auf Zug bei Cementen, von Durand-Claye. Ann. des ponts et chaussées 1895 I, S. 604.

3. Steinbrückenbauten.

Fortschritt im Bau von steinernen Brückengewölben, von Mehrtens. Centralbl. d. Bauverw. 1885, No. 48 u. f.

Mauritius-Brücke in Breslau. Centralbl. der Bauverw. 1885, S. 243.

Der Bau der Brücke Saint-Jean über den Adour zu Saussure (Landes), von M. Trepied. Ann. des ponts et chaussées 1885 II, S 645.

> 7 elliptische Steinbögen von 24 m Weite und 7,50 m Höhe, die Gewölbanfänge liegen 1,26 m über N. W.; die Brückenbreite zwischen den Geländern beträgt 6 m.

Steinerne Strafsenbrücke über den Main in Würzburg (Luitpold-Brücke). Schweiz. Bauz. 1886, S. 138.

> Korbbogenbrücke mit 7 Öffnungen.

Das Wölben steinerner Brückenbögen. Schweiz. Bauz 1886 II, S. 144.

> Das bei den württembergischen Brücken über die Nagold bei Teinach, die Enz bei Höfen und Wildbad eingehaltene Verfahren wird dargestellt.

Bau der Brücken von Castelet, Lavaur et Antoinette, von M. Séjourné. Ann. des ponts et chaussées 1886 II, S. 409, mit Abb.

> Hervorragende und eine neue Methode für das Wölben grofser Steinbrücken zeigende Bauwerke.

Die drei grofsen Steinbrücken von Castelet, Antoinette und Lavaur, von Séjourné. Nouv. annales de la constr. 1887, S. 65, mit Abb.

Themse-Brücke zu Putney (London). Engineering 1886, S. 85.

> Strafsenbrücke von 14,3 m Breite in 5 Stichbögen von 34,1 bis 43,9 m Spannweite. Jeder Pfeiler steht auf 3 mit Luftdruck versenkten Kästen. Für die grofsen Spannweiten sind Lehrgerüste aus schmiedeisernen Bögen von Blechträgern mit I-förmigem Querschnitt verwendet worden; dieselben wurden bis auf 9,1 m, die für die Schiffahrt frei bleiben musten, durch Holzgerüste gestützt; die Lehrbögen stemmten sich gegen die Pfeiler. Die aus Granit bestehenden Gewölbe wurden derart hergestellt, dafs die Wölbsteine auf je zwei 5 mm breite Bleistreifen, die in 15 cm Abstand von der Fuge winkelrecht zur Leibung gestellt worden, versetzt worden sind; erst nach Schlufs des Gewölbes sind die Fugen mit Cementmörtel gefüllt worden.

Über die Kunst des Wölbens, von Rheinhardt. Centralbl. d. Bauverw. 1887, S. 325, 339 u. 349.

Gewölbte Brücken von mehr als 40 m Spannweite giebt es nach Professor F. Dietrich (Engineer 1888, S 275 und Engineering 1887, S. 482) 57 und zwar 33 Strafsen-, 22 Eisenbahn-und 2 Kanalbrücken. Von diesen befinden sich 27 in Frankreich, 13 in Italien, 10 in England, je 2 in Österreich und Spanien, je 1 in Deutschland, der Schweiz und den Vereinigten Staaten von Nordamerika.

> Die amerikanische Brücke hat die gröfste Spannweite, es ist die Cabin-John-Brücke bei Washington, 1852 bis 1859 von General Meegs mit 67,06 m Spannweite und 17,43 m Höhe erbaut. Nur 3 andere Brücken haben über 60 m, 10 zwischen 60 und 50 m, 43 zwischen 50 und 40 m Spannweite. 14 dieser Brücken wurden vor 1800, 22 von 1800 bis 1860, 5 von 1860 bis 1870, 6 von 1870 bis 1880 und die übrigen von 1880 bis jetzt erbaut. Bei 22 dieser Brücken ist der Pfeil zwischen ¹/₅ und ¹/₃, bei 18 zwischen ¹/₃ und ¹/₄, bei 10 zwischen ¹/₄ und ¹/₅, bei 6 zwischen ¹/₅ und ¹/₇ der Spannweite. Nur eine in Italien stehende Brücke hat noch ein flacheres Pfeilverhältnis von nur 1/8,18.

Strafsenbrücke über die weifse Elster in Zeitz. Zeitschr. f. Bauw. 1888, S. 507.

> Sie überschreitet den Flufs in 8 Öffnungen, die 3 Stromöffnungen haben je 15 m Weite bei 4,4 m Pfeilhöhe, und Korbbogenform mit sogenannten Kuhhörnern.
>
> Die Gründung der Strompfeiler erfolgte auf bölzernen Senkkästen, 3,7 m unter Niederwasser, die mit Beton gefüllt wurden. Gewölbe und Stirnen sind in Quadern ausgeführt; die Scheitelstärke beträgt 0,6 m. Die Gewölbabdeckung erfolgte mit einer Lage Asphalt-Jute, auf welche eine Ziegelflachschicht in Cementmörtel und eine Cementgufsdecke aufgebracht wurde.

Steinbrücken mit gelenkartigen Einlagen, von K. v. Leibbrand. Zeitschr. f. Bauw. 1888, S. 235, mit Abb.
> Eingehende Darstellung der Ausführung von Steinbrücken mit Bleieinlagen in der Kämpfer- und der Scheitelfuge.

Gewölbte Brücken der Nebenbahn Trier-Hermeskeil. Zeitschr. f. Bauw. 1889, S. 135, mit Abb.
> Die Gewölbe sind in rohen Steinen in verlängertem Trass- und Cementmörtel (1 Kalk : ¼ Trass : 2 Sand und 1 Cement : 4 Kalk : 10 Sand) ausgeführt worden, mit Beanspruchungen bis zu 13 at. Bei 4,2 m Gewölbbreite sind nur 2 Lehrbögen verwendet worden; die Lehrgerüste waren nur in ihrem oberen Teile beweglich auf Sandtöpfe gestützt, unten dagegen fest.

Die neue Lange Brücke in Potsdam, von C. Müller. Zeitschr. f. Bauw. 1889, S. 107, mit Abb.

Strassenbrücke Saint-Pierre. Ann. des travaux publics 1889, S. 2245, mit Abb.
> Nach einem elliptischen Bogen von 40 m Spannweite, 12 m Pfeil mit 4,26 m Breite gewölbt; Scheitelstärke 1,2 m. Über den Widerlagern sind je 4 durch Halbkreisgewölbe geschlossene Hohlräume von je 4 m Lichtweite angebracht.
>
> Vier Lehrbögen, je 1,32 m voneinander entfernt, nach dem einfachen Strebensystem, ruhen auf Sandtöpfen.

Steinbrücke St. Jean über den Adour bei Laubusse. Deutsche Bauz. 1889, S. 270.
> Strassenbrücke mit 7 elliptischen Bögen von 24 m Weite, 7,5 m Höhe und 6,4 m Breite. Mittelpfeilerstärke 3,30 m in Kämpferhöhe; die Gründung erfolgte auf Pfählen mit aufliegendem Beton von 2 bis 3 m Dicke.

Die Herkules-Brücke in Berlin, von R. Borrmann. Zeitschr. f. Bauw. 1890, S. 2, mit Abb.
> Darstellung der 1788/89 gebauten Brücke, insbesondere ihres bildnerischen und architektonischen Schmuckes.

Die Strassenbrücke über die Norder-Elbe bei Hamburg, von Gleim und Engels. Zeitschr. f. Bauw. 1890, S. 219.

Ziegelgewölbe aus verzahnten Ringen, von Bräuler. Centralbl. d. Bauverw. 1890, S. 203.
> Die Verzahnung der Ringe wird näherungsweise berechnet.

Gewölbte Brücken in Köpenik, von G. Tolkmitt. Zeitschr. f. Bauw. 1891, S. 355, mit Abb.

Baugeschichtliches über die Moltke-Brücke über die Spree in Berlin, von Pinkenburg. Centralbl. d. Bauverw. 1891, S. 346.

Statistisches aus dem Brückenbau, Zusammenstellung ausgeführter, gewölbter Strassenbrücken im Regierungsbezirk Wiesbaden, von Voiges. Deutsche Bauz. 1891, S. 75, 93 u. 99.

Steinbrücken mit gelenkartigen Bleieinlagen. Ann. des ponts et chaussées 1891 I, S. 899, mit Abb.
> Behandelt die in Württemberg 1885/86 von K. v. Leibbrand ausgeführten Gewölbbrücken mit gelenkartigen Einlagen; der durch diese Anordnung angebahnte Fortschritt wird zwar anerkannt, die Priorität des Gedankens will jedoch Brusselin zuerkannt werden, der in einer nicht gedruckten und weiteren Kreisen nicht bekannt gewordenen Arbeit vorgeschlagen habe, die schmalen Fugenstreifen im Scheitel und in den Kämpfern mit Portland-Cement herzustellen.

Die Brücke Boucicaut zu Verjux (Saone et Loire), von N. de Tedesco. Génie civil 1891, S. 5, mit Abb. — Ann. des ponts et chaussées 1892 II, S. 445.

Brücken mit Blei-Gelenkeinlagen, von Allan Cunningham. Engineering 1892 I, S. 557.
> Ein Auszug aus der Rivière'schen Abhandlung über die K. v. Leibbrand'schen Gelenkbrücken 1891.

Gewölbte Wernekinck-Brücke über den Fadnaes in Norwegen. Baugewerkszeitung 1892, S. 414, mit Abb. — Allg. Bauz. 1893, S. 31, mit Abb.
> Die Brücke hat 15,5 m Spannweite bei nur 2,5 m Fahrbahnbreite und ist ganz aus Bruchsteinen gewölbt.

Neue Oder-Brücke in Frankfurt a. d. O. Baugewerkszeitung 1892, S. 817.
> Die Gesamtlänge beträgt 257,6 m. die Breite 13 m; die 8 Öffnungen sind 27,6 bis 30 m weit und werden mit Flachbögen von ¼ Pfeil überspannt. Der mittelste Pfeiler ist als Gruppenpfeiler gebaut. Die Baukosten betragen 1470000 M

Abdeckung von Brückengewölben. Deutsche Bauz. 1892, S. 619.

Gewölbte Brücke in Köpenik. Zeitschr. f. Bauw. 1892, S. 355, mit Abb.

Zum Ersatz der hölzernen Strafsenbrücken, Lange Brücke über die Dahme und Dammbrücke über die Spree, erbaut; jede Brücke hat 3 Öffnungen von je 18 m Spannweite; das Pfeilverhältnis der aus Klinkern in Cementmörtel hergestellten Bögen ist 1 : 5,3; die Gewölbstärke beträgt 0,64 m, die Kämpferstärke 0,90 m. Es kamen eiserne Lehrgerüste zur Verwendung. Die Lange Brücke wurde in voller Stärke, die Damm-Brücke dagegen in zwei gleich starken, regelmäfsig verbundenen Ringen gemauert; die Gewölbe wurden mit Aussparungen, an den Kämpfern auf der inneren, im Scheitel auf der äufseren Leibung gemauert. Die Gründung erfolgte auf bis 16 m langen Pfählen mit Betonschüttung. Mit Berechnung der Gewölbe.

Die Albany-Strafsenbrücke über den Raritan-Flufs und -Kanal bei der Stadt New-Brunswick, N.-Y., Amerika, mit Abb. Engineering News 1892, S. 373.

Die Brücke ist 246 m lang und besteht aus einer Reihe von Backstein-Gewölbbögen von 23 m Spannweite bei 0,75 m Scheitel- und 1,03 m Kämpferstärke. Das Pfeilverhältnis beträgt ⅛.

Gewölbe der steinernen Bogenbrücke über den Wheeling-Bach in Wheeling, Amerika. Railroad Gazette 1892, S. 196.

Zweitgröfste steinerne Bogenbrücke in Amerika von 48 m Weite und 14,5 m Breite; die Brücke hat sich bei ihrer im März 1892 vorgenommenen Ausrüstung um 5 cm im Scheitel gesenkt.

Wiederherstellung des Gewölbes der Kanalbrücke über den Teysonne-Flufs. Génie civil 1892, S. 376.

Löwen-Brücke zu Sofia (Bulgarien). Schweiz. Bauz. 1892, S. 171. — Ann. des travaux publics I, S. 37, mit Abb.

Zwei je 10 m weite Öffnungen bei 20 m Brückenbreite.

Eine kurze Geschichte des Brückenbauwesens, von C. R. Manners. Engineering 1892 I.

Römische Aquadukte S. 90, Steinbrücken S. 157 u. 309.

Brücken der Wengernalp-Bahn. Schweiz. Bauz. 1893, S. 57, mit Abb.

Sämtliche 22 Brücken und Viadukte von 4 bis 16 m Lichtweite sind in Bruchsteinmauerwerk hergestellt worden.

Mitteilungen über die grofsen gewölbten Brücken der K. K. Staatsbahn Stanislau-Woronienka, von Hufs. Zeitschr. d. österr. Ing.- u. Arch.-Ver. 1893, S. 545, mit Abb.

Saone-Brücke bei Charrey. Ann. des ponts et chaussées 1893 II, S. 737.

Fünf je 30 m im Lichten weite Steingewölbe überführen eine 5,8 m breite Landstrafse. Pfeilverhältnis ⅛. Gewölbstärke im Scheitel 1,20 m, in den Kämpfern 1,50 m.

Nordstrafsenbrücke in Baltimore. Engineering News 1893, S. 7, mit Abb.

Drei je 39 m weite Backsteingewölbe übersetzen die Jones-Fälle. Die Brücke ist 30 m breit und macht mit der Flufsrichtung einen Winkel von nur 35°. Die flachen Korbbogengewölbe bestehen daher aus 1,2 m breiten, unter sich durch Eisen verankerten Streifen. Die beiden Mittelpfeiler sind 4,8 m dick. Die Baukosten haben 1,3 Millionen Mark betragen.

Cresheim-Brücke im Fairmound-Park zu Philadelphia. Engineering News 1893, S. 170, mit Abb.

Ein 35 m weit gespannter Quaderbogen von 6,4 m Pfeilhöhe und 3 m Breite führt einen städtischen Kanal über eine Schlucht.

Die gröfsten Gewölbbrücken sind zur Zeit in Amerika die Cabin-John-Brücke in Washington mit 67,1 m Spannweite und 17,2 m Pfeilhöhe, Wheeling-Brücke in West-Virginia 48 m Spannweite und 8,5 m Pfeilhöhe, Elyria-Brücke in Ohio 45 m Spannweite und 8,1 m Pfeilhöhe, Cresheim-Brücke in Philadelphia 35 m Spannweite und 6,4 m Pfeilhöhe.

Umbau der Raben-Brücke zu Strafsburg. Deutsche Bauz. 1894, S. 213.

Die alte gufseiserne Bogenbrücke hatte 27 m Spannweite; sie wurde durch eine tiefer liegende Bogenbrücke aus Sandsteinquadern mit 23 m Spannweite und 16 m Breite ersetzt, ohne dafs der Strafsenverkehr unterbrochen wurde.

Die Main-Brücke für die Lokalbahn von Kitzingen nach Gerolzhofen, von August Hofmann. Deutsche Bauz. 1894, S. 308, 320 u. f.

Umbau der Langen (Kurfürsten-)Brücke in Berlin, von Eiselen. Deutsche Bauz. 1894, S. 617, 625, 632.

Die Lange Brücke (Kurfürsten-Brücke) in Berlin, von R. Borrmann. Zeitschr. f. Bauw. 1894, S. 328, mit Abb. Enthält die Geschichte des Bauwerkes — Zeitschr. d. Arch.- u. Ing.-Ver. zu Hannover 1895, S. 70.

Die Bauvollendung der grofsen gewölbten Brücken der K. K. Staatsbahn Stanislau-Woronienka, von Ludwig Hufs. Zeitschr. d. österr. Ing.- u. Arch.-Ver. 1894, S. 533, mit Abb. — Deutsche Bauz. 1895, S. 57. — Zeitschr. d. Arch.- u. Ing.-Ver. zu Hannover 1895, S. 415.

Steinbrücken von grofser Weite, von Albert Butin. Génie civil 1895, S. 5, mit Abb.
     Behandelt die grofsen Brücken der K. K. Staatsbahn Stanislau-Woronienka in Siebenbürgen.

Stein- und Betonbrücken mit gelenkartigen Einlagen, von Reibling. Zeitschr. d. Arch.- u. Ing.-Ver. zu Hannover 1896, S. 49.

Über steinerne Brücken, Vortrag von R. Moser, Oberingenieur. Schweiz. Bauz. 1895 I, S. 146.
     Bespricht eine Reihe von Eisenbahn- und Wegebrücken an schweizerischen Bahnen mit Angabe von Einheitspreisen für ausgeführte Viadukte und Brücken der Schweiz. Die Leistungen anderer Länder werden kurz erwähnt.

Neubau der Unterführung der Tempelhofer Strafse unter der Berliner Ringbahn, von E. Dickmann. Zeitschr. d. Arch.- u. Ing.-Ver. zu Hannover 1895, S. 35, mit Abb.

Umbau der Engels-Brücke in Rom. Schweiz. Bauz. 1895, S. 13.

Steinbrücke unter der New-York-, Newhaven- und Hartford-Road, bei Pelhamville, N.-Y. Engineering News 1895 I, S. 34.
     Korbbogenbrücke mit 12,2 m lichter Weite und 3,05 m Pfeilhöhe; Scheiteldicke 0,81 m, Widerlagerstärke 2,8 m, Überschüttungshöhe 3,35 m.

Brückenbauten der Stadt Berlin. Zeitschr. d. Arch.- u. Ing.-Ver. zu Hannover 1896, S. 218, 269, 270, 324, 329, 376. — Deutsche Bauz. 1895, S. 419, 439, 631.

Bau der Oberbaum-Brücke in Berlin, von K. Bernhardt. Centralbl. d. Bauverw. 1895, S. 527.

Neue Strafsenbrücke über die Oder in Frankfurt a. d. O. Centralbl. d. Bauverw. 1895, S. 543.
     8 Backsteinbögen von 27 bis 31 m Spannweite und 2,7 bis 3,7 m Pfeilhöhe; Scheiteldicke 0,8 m, Kämpferstärke 1,29 m.

Ludwigs-Brücke in Würzburg, von Heinlein. Süddeutsche Bauz. 1895, S. 401, mit Abb.
     5 Korbbögen von 36 m Spannweite, 1,25 m Scheitelstärke. Das aus Kalksteinmauerwerk hergestellte Gewölbe wurde an 7 Stellen gleichzeitig geschlossen.

Neubau der Strafsenbrücke über die Saale in Kösen. Centralbl. der Bauverw. 1895, S. 410, mit Abb.

Neue Brücke bei Rutherglen. Engineer 1895 II, S. 182, mit Abb.
     3 Bogenöffnungen aus Granit von 27,4, 30,5 und 27,4 m Spannweite.

Thames-Brücken. Engineering 1895 I u. II, S. 7 u. folg., mit Abb.
     In einer Reihe von Artikeln mit Zeichnungen werden die sämtlichen über die Themse führenden Brücken, meist nur historisch und ohne weiteres Eintreten in technische Einzelheiten, behandelt; an Steinbrücken in I.: London bridge S. 82, Waterloo bridge S. 246, Putney road bridge S. 626, Kew bridge S. 764, Alte Westminster bridge S. 306; in II.: Bridge near Caversham S. 768, Chertsey road bridge S. 272, Henley bridge S. 638, Kingston bridge S. 116, Maidenhead bridge S. 512, Richmond bridge S. 48, Somring bridge S. 702.

4. Viadukte und Aquadukte.

Brücken, Aquadukte und Tunnel am Cavour-Kanal in Oberitalien. Allg. Bauz. 1886, S. 60, mit Abb.

Eingleisiger gemauerter Viadukt für die Bahn von Scarborough nach Whitby über den Flufs Esk. Nouv. annales de la constr. 1886, S. 5, mit Abb.
     279 m lang und bis zu 36,6 m hoch. 4 Flufsöffnungen mit schrägen Gewölben, 9 Landöffnungen mit geraden, teilweise im Bogen liegenden Gewölben von 16 bis 20 m Spannweite.

Viadukt von Crueize an der Eisenbahn von Marvéjols nach Neussargues, von Ch. Talan-
sier. Génie civil 1891, S. 145, mit Abb.
Der Nadrac-Viadukt im grofsen Bewässerungskanal von Britisch-Indien. Engineering
1891 II, S. 465.
    Er besitzt 15 überwölbte Öffnungen von je 18 m Spannweite und ist zwischen den
    Stirnen 45 m breit. Die Gründung erfolgte mittels kreisrunder Brunnen, 15,5 m unter
    die Flutsohle.
Twyford-Viadukt der Didcot-Southampton-Eisenbahn. Engineer 1891, S. 518.
    Der 372 m lange eingleisige Eisenbahn-Viadukt überbrückt in etwa 8 m Höhe das
    Thal des Itchen-Flusses; er besteht aus 33 Öffnungen von je 9,20 m und einer Strom-
    öffnung von 15,2 m Lichtweite. Die Pfeiler sind auf Betonschüttung gegründet und in
    Beton mit Backsteinverblendung aufgeführt. Der Beton besteht aus 1 Teil Portland-
    Cement, 1 Teil Sand und 5 Teilen gewaschenem Kies. Der Grundbeton wurde erst mit
    2 in Cementmörtel versetzten Backsteinschichten abgeglichen, hierauf die erste Backstein-
    schicht der Pfeilerverblendung als Bioderschicht verlegt und darauf 4 Läuferschichten
    aufgesetzt. Nach Verflufs eines Tages war der Mörtel des Verkleidungsmauerwerkes so
    weit erhärtet, dafs der Beton dahinter eingebracht und sorgfältig abgeglichen werden
    konnte. In Abständen von 90 cm wurden je zwei durchgehende Backsteinschichten ein-
    gelegt. Die Gewölbe der Brücke wurden in Backsteinen hergestellt.
Steinbrücken der Wasserleitung aus den Quellen von La Vigne und Verneuil nach Paris.
    Nouv. annales de la constr. 1892, S. 89 u. 1893, S. 69, mit Abb.
Viadukt „du Gour-Noir" im Zuge der Eisenbahn von Limoges nach Brive. Ann. des ponts
    et chaussées 1892 I, S. 545, mit Abb.
Steinerne Brücke und Viadukt der Eisenbahn von Fontenay nach Cholet und Breuil-
    Barret. Ann. des travaux publics 1892, S. 159, mit Abb.
    Das erstere Bauwerk überbrückt mit einem einzigen, 24 m weiten Bogen die Vendée,
    der 127 m lange Viadukt mit fünf 17 m weiten Öffnungen das Thal der Mère; die
    gröfste Höhe beträgt 35,5 m.
Steinerner Viadukt von Loup im Zuge der Eisenbahn von Nice nach Puget (Süd-Frank-
    reich). Scientific American 1892 II, S. 67, mit Abb.
    11 Öffnungen von je 19 m Weite, 51 m hoch.
Aquadukte und Kanäle der Entwässerung von Sidney. Scientific American 1892 II, S. 39.
Viadukt von Gien im Thal der Loire, an der Linie Bourges-Gien, von M. Rossignol. Ann.
    des ponts et chaussées 1893 II, S. 650, mit Abb.
    Ein Eisenbahnviadukt, von welchem 1471 m Länge mittels gemauerter Halbkreisbögen
    von 16 m Weite hergestellt wurden, hat besonders schwierige Gründungsarbeiten notwendig
    gemacht; auf Pfähle, die mit der Dampframme eingetrieben wurden, kam unter Wasser
    gegossener Beton; es sind hierzu bei 6 m Wassertiefe in den Baugruben eiserne Röhren
    von nur 15 bis 20 cm Weite verwendet worden.
Steinerne Viadukte der Drahtseilbahn Lauterbrunnen-Mürren (Schweiz). Engineering 1893 I,
    S. 433, mit Abb.
Steinerne und eiserne Viadukte und Brücken der Midland-Eisenbahn. Engineer 1893 I, S. 52.
Eiserne und steinerne Brücken der London-, Chatham- und Dover-Eisenbahn. Engineer
    1893 I, S. 140.
Vingeanne-Viadukt der französischen Ostbahn. Engineering News 1893 II, S. 457, mit Abb.
    Gesamtlänge 2,88 km, 18 m über die Thalsohle führend; 7 elliptische Gewölbe von
    je 38 m Lichtweite.
Viaduc de Saint Satur, von Gérard Lavergne. Génie civil 1894, S. 337, mit Abb.
Viadukt von Mussy (Saone et Loire), von Ant. Brancher. Génie civil 1894, S. 241, mit Abb.
Aquadukte der Glasgow-Wasserwerke. Engineering 1894 I, S. 635, mit Abb.
    3 Aquaduktbrücken von 11 bis 25 m Weite, die flach gesprengten Brücken sind in
    Beton mit teilweiser Steinverkleidung ausgeführt worden; der Betonkörper der 2,7 m
    weiten Beton-Wasserleitung wurde vollständig isoliert aufgelegt.
Steinerne Brücken und Viadukte der Eisenbahnlinie von Argenteuil nach Mantes. Revue
    générale des chemins de fer 1894 I, S. 173. — Zeitschr. d. Arch.- u. Ing.-Ver. zu Hannover 1894,
    S. 48, mit Abb.

Viadukte der West-Hochland-Eisenbahn in Schottland. Engineering 1894 II, S. 155 u. f.

Brücken- und Viaduktbauten bei der Erweiterung der Lancashire-Yorkshire-Eisenbahn zu Salford. Engineer 1894 II, S. 327.

Meist Backsteinbauten bis zu 31 m Spannweite.

Viadukte der Usui-Pass-Bahn in Japan. Engineering 1894 II. S. 508, mit Abb.

18 Viadukte bis zu 32 m hoch, Gerüste aus Bambusrohr.

5. Betonbrücken ohne Eiseneinlagen.

Über das Einbringen von Beton unter Wasser, von M. Heude. Ann. des ponts et chaussées 1885 I, S. 776.

Das Versenken des Betons zwischen und auf Pfahlreihen geschah bei einer grofsen Eisenbahnbrücke über die Loire zwischen Spundwänden in 40/40 cm weiten Holztrichtern, die an einem fahrbaren Hebezeug aufgehängt waren, das sich auf einem über der Baugrube laufenden Fahrschlitten bewegte; eine am unteren Ende des Trichters angebrachte Kette erleichterte das Verschieben des Trichters, das stets mit einem kleinen Heben desselben um 30 bis 40 cm verbunden war. Bei der ersten Füllung des Trichters wurde derselbe am unteren Ende mit einem an Seilen hängenden Brett geschlossen, das weggezogen wurde, sobald der gefüllte Trichter auf den Boden abgesenkt war; hierdurch soll das Auswaschen des Betons verhütet worden sein. Es wurden im Tage bis 60 cbm vergossen.

Brücken aus Stampfbeton. Deutsche Bauz. 1886, S. 183.

Über Betonbauten, von E. Dyckerhoff. Deutsche Bauz. 1888, S. 242 und 1892, S. 496 u. 513.

Betonbrücke mit Gelenken. Schweiz. Bauz. 1888, S. 12.

Die von dem Bauinspektor Koch erbaute, 29 m weite, 4 m Pfeilhöhe besitzende Betonbrücke über die Westrach bei Erbach (Württemberg), welche gelenkartige Einlagen gefalteten Asphaltfilzes erhalten hat, wird beschrieben.

Entwurf einer Betonbrücke über die Seine zwischen Ivry und Charenton, von Coignet. Nouv. annales de la constr. 1890, S. 81, mit Abb.

Eine Strafsenbrücke mit 3 Öffnungen von 53,50 m Weite, 5,60 m Pfeilhöhe und 12 m Breite mit sichtbaren Entlastungsbögen von 1,95 m Weite in Halbkreisform.

Betonbrücke in Erlisbach bei Aarau (Schweiz). Schweiz. Bauz. 1893, S. 7.

7,2 m weit bei 3 m Pfeilhöhe, 1840 in Roman-Cement gebaut, ist wohl die älteste Betonbrücke der Schweiz.

Betonbrücke über die Donau bei Rechtenstein (Württemberg), von Braun. Zeitschr. f. Bauw. 1893, S. 439, mit Abb.

Über die Anwendung von Beton für Eisenbahnbauten. Engineering 1893 I, S. 859, mit Abb.

Herstellung bis zu 28 m hoher Viaduktpfeiler mit Eisenoberbau bei der Eisenbahn von Tharsis nach Calannas in Spanien; dabei war insbesondere die Raschheit der Ausführung von grofsem Wert.

Auch an der Eisenbahn Lanorkshire nach Aryshire in Schottland hat diese Bauart ausgedehnte Verwendung gefunden; dabei wurde der Beton in Maschinen, die täglich 25 bis 40 cbm Leistungsfähigkeit besafsen, gemischt.

Der aus 5 Halbkreisbogen von 9 m Weite bestehende Dochart-Viadukt an der Killin-Eisenbahn in Schottland wurde in Stampfbeton ausgeführt.

Eisenbahnbrücke aus Beton in Jamaika. Engineering News 1893 II, S. 79, mit Abb.

Vier 15 m weite Halbkreisgewölbe aus Beton.

Brückenpfeiler aus Beton. Engineering News 1893 II, S. 296.

Die 1881 erbaute Brücke der Süd-Pacific-Bahn über den Medina-Flufs besteht aus zwei je 45 m und drei je 23 m weiten, eisenüberdeckten Öffnungen; die Pfeiler sind sämtlich aus Beton im Mischungsverhältnis 1½ Cement : 2½ Sand : 4 Steinschlag hergestellt und haben sich selbst bei den heftigsten Hochwasserfluten vorzüglich bewährt.

Betonbrücke über die Donau bei Munderkingen (Württemberg), von K. v. Leibbrand. Zeitschr. f. Bauw. 1894, S. 541, mit Abb. — Zeitschr. deutscher Ing. 1894, S. 908. — Schweiz. Bauz. 1894 I, S. 22. — Génie civil 1894/95, S. 104, mit Abb. — Deutsche Bauz. 1894, S. 15 u. 493. — Nouv. annales de la constr. 1895, S. 25, mit Abb.

Rasche Ausführung eines Betongewölbes. Génie civil 1895, S. 323.

> Zu Dalnuir (Schottland) an der North-British-Railway mußte eine auf einem Damm liegende Eisenbahnlinie für die Herstellung einer direkteren Bahnverbindung zwischen Glasgow, Helensburg und Balloch unterfahren werden; der hierzu erforderliche Erdaushub von 11 m Länge, 5 m Breite und Höhe mit 600 cbm, das Aufbringen von 190 cbm Beton auf dem nach der Gewölbform abgehobenen Erdkörper für die Betondurchfahrt und die Wiedereröffnung der unterfahrenen Bahnlinie erforderten nicht mehr als 18 Stunden.

Brücke de la Coulouvrenière über die Rhône zu Genève, von Berthier. Génie civil 1896, S. 129, mit Abb.

Fortschritte auf dem Gebiet des Stampfbeton-Brückenbaues, von Herwelly. Zeitschr. f. Transportw. u. Strafsenbau 1895, S. 482.

6. Betonbrücken mit Eiseneinlagen.

Über die Verwendung des Monier-Gewölbes zu Strafsenbrücken. Centralbl. d. Bauverw. 1889, S. 13. — Wochenschr. d. österr. Ing.- u. Arch.-Ver. 1889, S. 404.

Eisenbahnbrücke nach Monier's System in Matzleinsdorf (Niederösterreich). Schweiz. Bauz. 1890 I, S. 40 u. II, S. 134.

> Bericht über die Probeabnahme.

Schiefe Strafsenbrücke nach System Monier bei Wildegg. Schweiz. Bauz. 1891 I, S. 66.

> Die Brücke ist unter 45° schräg, hat 37,22 m Spannweite und nur 3,50 m Pfeilhöhe; bei 500 kg/qm Tragfähigkeit beträgt die Scheitelstärke nur 20 cm.

Monier-Bauweise bei Brückenbauten. Génie civil 1891, S. 120.

Monier-Brücke in Nymphenburg. Baugewerkszeitung 1893, S. 51.

> Sie überspannt mit einem 17 m weiten Bogen den Kanal; die Fahrbahn ist mit geteerten Holzwürfeln gepflastert, die beiderseitigen Fufswege haben Asphaltbelag.

Einige in Deutschland ausgeführte Brückenbauten aus Beton und Eisen (Bauart Monier). Ann. des travaux publics 1893, S. 175.

Neuere Monier'sche Gewölbbauten. Engineering News 1893 I, S. 148.

Melan-Gewölbe. Belastungsprobe eines 2 m weiten, 8 cm starken Betongewölbes. Zeitschr. d. österr. Ing.- u. Arch.-Ver. 1892, S. 442.

Gewölbe aus Beton in Verbindung mit eisernen Bögen, von Melan. Zeitschr. d. österr. Ing.- u. Arch.-Ver. 1893, S. 166, mit Skizze.

Beton-Eisenbrücke über die Nyitra in Neuhäusel (Ungarn) nach dem System Wünsch. Deutsche Bauz. 1893, S. 167. — Zeitschr. d. österr. Ing.- u. Arch.-Ver. 1893, S. 305, mit Abb.

Umbau der Überführung der Strafse Alt-Moabit in Berlin in Monier Bauweise. Centralbl. d. Bauverw. 1893, S. 444.

> Die Monier-Gewölbe wurden zwischen eiserne Träger eingelegt und die letzteren durch leichte Monier-Umhüllung gegen die Lokomotivgase geschützt.

Monier-Strafsenbrücke bei Walsburg a. S. und ihre Belastungsprobe, von W. Paul. Centralbl. d. Bauverw. 1895, S. 32, mit Abb.

> 3 Öffnungen von 29, 18 und 12 m Spannweite mit 1/8,3, 1/7,2 und 1/5,3 Pfeilverhältnis bei 30, 20 und 15 cm Scheitelstärke. Die Bögen haben nur ein Eisengeflecht in der äufseren Leibung und ein auf ⅓ der inneren Leibung gegen die äufsere verlaufendes Eisengerüst erhalten. Die Cementmörtel-Mischung war 1:3, die Kosten betrugen 115 M. für das qm überbauter Brückenfläche.

Melan'sche Betonbrücken in Nord-Amerika, von Emperger. Zeitschr. d. österr. Ing.- u. Arch.-Ver. 1895, S. 525, mit Abb. — Ann. f. Gew. u. Bauw. 1895, S. 228, mit Abb.

> Die Brücke über den Houstanic-River bei Stockbridge (Mass.) ist die bedeutendste, sie hat 30,5 m Sehne und 3,05 m Pfeilhöhe und enthält 11 gebogene eiserne I-Träger von 17,8 m Höhe in der Betonumhüllung; Scheitelstärke 23 cm, Kämpferstärke 76 cm.

7. Unterhaltung der Steinbrücken. Umbauten und Zerstörungen derselben.

Gewölbte Eisenbahnbrücke über das Elbbach-Thal bei Willmenrod (Provinz Hessen-
Nassau) an der Eisenbahn Hadamar-Westerburg. Centralbl. d. Bauverw. 1887, S. 250,
mit Abb.

Die Brücke, welche 5 Halbkreisbögen von 6 bis 12 m Spannweite hat, wurde auf
Lehm und knetbaren Thon gegründet und hat bei der Ausrüstung so bedeutende Sprünge
und seitliche Ausweichungen gezeigt, dafs in den Bruchfugen Gewölbsteine herausfielen;
die Brücke wurde daher schleunigst wieder eingerüstet und mit Sohlengewölben verstärkt,
auch sind die Gewölbe mit Cement ausgebessert worden.

Pont-Neuf zu Paris, Wiederherstellungs- und Sicherungsarbeiten an derselben. Ann. des
ponts et chaussées 1891 I, S. 885, mit Abb.

Ein Teil des Mittelpfeilers und die angrenzenden Gewölbteile der Brücke stürzten am
15. Dezember 1885 ein. Die Brücke war beim Bau im Jahre 1578 nur auf eine Art
Schwellrost gegründet worden, unter dem sich teilweise feiner, sehr beweglicher Sand
befand; die Schwellrostoberkante lag infolge allmählicher Sohlenvertiefung um nahezu
2 m, zuletzt 0,5 m über der Flufssohle. Die Arbeiten erstreckten sich auf Wiederherstellung der zerstörten Brückenbauteile und Schutz des übrigen. Man beseitigte zunächst
die Reste des eingestürzten Pfeilers mit Zuhilfenahme von Senkkästen, welche mittels
Prefsluft auf die nötige Tiefe abgelassen wurden; der abgebrochene Pfeilerteil und das
Gewölbe ist hierauf in der üblichen Weise wieder aufgeführt worden. Die Fuge zwischen
den alten und den neuen Gewölbteilen war nur 3 cm weit und wurde nach dem Aus-
rüsten mit Cementmörtel ausgefüllt.

Die Sicherung des stehen gebliebenen Pfeilerteiles gegen Unterwaschung wurde in der
Art erreicht, dafs 2 m breite Senkkästen in 2,5 bis 3 m Abstand von den Pfeilerfunda-
menten abgetrieben und bis auf Flufssohlenhöhe aufgemauert wurden; vor Beginn dieser
Arbeit sind die stehen gebliebenen Gewölbteile durch Lehrgerüste gestützt worden.

Bei den übrigen Pfeilern erfolgte der Schutz gegen Unterwaschung durch eingetriebene
Pfahlwände, die in Flufssohlenhöhe abgeschnitten wurden; der Raum zwischen den Pfahl-
wänden und den Pfeilerfüfsen wurde durch Bekleidungsmauern geschützt. Steinwürfe
vollendeten den Schutz.

Erbreiterung der Austerlitz-Brücke in Paris. Wochenschr. d. österr. Ing.- u. Arch.-Ver. 1889,
S. 342, mit Abb.

Die Breite der Brücke ist von 18 m auf 30,6 m vergröfsert worden durch Verlängerung der Pfeilerbögen flufsauf- und -abwärts. Die neuen Gewölbe wurden mit 3 cm
weiter Fuge stumpf an die alten Bogen angeschlossen.

Über Steinbauten unter Eisenbahngleisen, von Köpke. Centralbl. d. Bauverw. 1889, S. 350. —
Civilingenieur 1889, 35. Bd 4. Heft, S. 269 und 1894, S. 393, mit Abb.

Der Unterhalt steinerner Eisenbahnbrücken. Schweiz. Bauz. 1889 II, S. 49.

Einsturz der Karls-Brücke über die Moldau in Prag. Centralbl. d. Bauverw. 1890, S. 402, mit
Abb. Die Geschichte der Brücke nebst einer Übersicht über berühmte Brücken des Mittelalters.
— Deutsche Bauz. 1890, S. 559. Das Gutachten der Sachverständigen über die Wiederherstellung
der Brücke.

Ausbesserung der Fundamente der Brücke von Joigny, von M. Rossignol. Ann. des ponts
et chaussées 1890 I, S. 472.

Die stark unterwaschenen Fundamente der Brücke wurden bei 3 m Wassertiefe durch
Einstofsen von Säcken unterfangen, in welchen sich Cementmörtel befand; die Arbeit
wurde von Tauchern vollzogen.

Erbreiterung der von Brunel erbauten Eisenbahnbrücke über die Themse bei Maiden-
head. Engineering 1892 I, S. 401, mit Abb.

Einige praktische Beispiele über das Sprengen von Steinbrücken. Engineering 1893 I, S. 31
und II, S. 773.

Das Verfahren beim Niederlegen der Bögen einer elliptischen Backsteinbrücke mit
3 Öffnungen von 9,5 m Weite wird eingehend beschrieben.

Erbreiterung der Grofsen Brücke zu Lausanne, von J. Gaudard. Genie civil 1894. S. 321, mit Abb.

Die in den Jahren 1839 bis 1844 von Adrien Picard erbaute, 175 m lange bis 25 m hohe Strafsenhochbrücke, welche 9,90 m Breite zwischen den Geländern besafs, genügte zwar hinsichtlich der Breite der Fahrbahn mit 6,60 m dem Fuhrverkehr, die nur 1,65 m breiten Gehwege waren jedoch für den Fufsgängerverkehr unzureichend geworden. Ein 1875 eröffneter Wettbewerb zur Beschaffung von Entwürfen für die Erbreiterung der Brücke, bei welchem insbesondere Erhaltung der Einfachheit und Grofsartigkeit der Architektur der Brücke verlangt worden war, verlief ergebnislos. 1891/92 wurde die Erbreiterung der Gehwege auf 3,15 m ausgeführt. Die gufseisernen Geländer und Brüstungspostamente der alten Brücke wurden beseitigt; über jedem Pfeiler des Viaduktes sind auf jeder Brückenstirne 2 aus Eisenfachwerk bestehende, 1,6 m hohe Konsolträger aufgesetzt worden, welche mit ihrem Fufse in Nischen der Stirnmauern eingreifen, deren oberes Zugband etwa 2 m in den Brückenkörper hineingreift und daselbst in einen Betonklotz eingebettet ist. Die Konsolen laden 1,5 m aus und tragen an ihrer Stirne bogenförmig gestaltete Längskörper aus Eisenfachwerk von 7,2 m Stützweite. Der Belag des auskragenden Gehweges besteht aus Zores-Eisen mit Betonfüllung dazwischen und darüber. Die bogenförmigen Längsträger sind derart an die Konsolträger befestigt, dafs die Längenveränderung der ersteren bei Temperaturschwankungen ermöglicht ist. Die Aufwendungen haben 80000 M. betragen.

Einsturz einer Monier-Strafsenbrücke bei Zachau (Stargard). Deutsche Bauz. 1894. S. 616. — Schweiz. Bauz. 1895, S. 28, mit Abb.

Durch Weichen des Pfahlfundamentes soll der Einsturz der 18 m weiten Brücke erfolgt sein, die bei 1,8 m Pfeilhöhe 25 cm Scheitelstärke besafs.